数字创新评论

（第1辑）

Review of Digital Innovation

陈 劲◎主编

科学出版社
北京

内 容 简 介

《数字创新评论》是由教育部人文社会科学重点研究基地——清华大学技术创新研究中心主办的学术集刊。本集刊紧扣数字化背景下的科技政策、创新管理、数字化转型、技术创新等主题，致力于对全球数字创新领域的前沿动态、研究热点和应用成果，以及发展趋势进行独立判断和深度剖析。主要收录聚焦数字创新领域的高质量理论探讨、实证分析、案例解读、文献综述和评论性学术论文，注重文章的创新性、科学性。

本集刊共收录7篇文章，研究主题涉及"数字科技下的创新范式""数字化转型的主要任务和核心关键问题""从自动化到智能化：技术与理论发展的逻辑""数字创新如何驱动创新生态系统的构建与重构？——来自蔚来和比亚迪的创新实践""传统企业数字化转型的能力构建与关键要素""'权属-主体-角色'视角下数据要素价值化架构设计与机制研究""建设一流学术平台，服务创新生态构建"。

图书在版编目（CIP）数据

数字创新评论. 第1辑／陈劲主编. —北京：科学出版社，2022.1
ISBN 978-7-03-071324-7

Ⅰ. ①数… Ⅱ. ①陈… Ⅲ. ①数字技术-应用-企业创新-文集
Ⅳ. ①F273.1-39

中国版本图书馆CIP数据核字（2022）第009713号

责任编辑：王丹妮／责任校对：刘　芳
责任印制：张　伟／封面设计：无极书装

科 学 出 版 社 出版
北京东黄城根北街16号
邮政编码：100717
http://www.sciencep.com

北京建宏印刷有限公司 印刷
科学出版社发行　各地新华书店经销

*

2022年1月第 一 版　　开本：787×1092　1/16
2022年1月第一次印刷　印张：4 3/4
字数：113 000

定价：128.00元
（如有印装质量问题，我社负责调换）

《数字创新评论》编委会

主　编　　陈　劲　　清华大学经济管理学院

编辑委员会（以姓氏拼音为序）

　　　　　　陈春花　　北京大学国家发展研究院
　　　　　　陈　松　　同济大学经济与管理学院
　　　　　　陈衍泰　　浙江工业大学管理学院
　　　　　　董小英　　北京大学光华管理学院
　　　　　　高锡荣　　重庆邮电大学经济管理学院
　　　　　　黄鲁成　　北京工业大学经济与管理学院
　　　　　　李纪珍　　清华大学经济管理学院
　　　　　　李　烨　　贵州大学管理学院
　　　　　　刘高升　　国家数字化设计与制造创新中心北京中心
　　　　　　欧阳桃花　北京航空航天大学经济管理学院
　　　　　　戚聿东　　北京师范大学经济与工商管理学院
　　　　　　乔　晗　　中国科学院大学经济与管理学院
　　　　　　邵云飞　　电子科技大学经济与管理学院
　　　　　　寿涌毅　　浙江大学管理学院
　　　　　　孙　卫　　西安交通大学管理学院
　　　　　　王花蕾　　国家工业信息安全发展研究中心
　　　　　　王　楠　　北京工商大学商学院
　　　　　　王　钦　　中国社会科学院工业经济研究所
　　　　　　王兆华　　北京理工大学管理与经济学院
　　　　　　魏　江　　浙江大学管理学院
　　　　　　伍　蓓　　浙江工商大学管理工程与电子商务学院
　　　　　　武建龙　　哈尔滨理工大学经济与管理学院
　　　　　　谢　康　　中山大学管理学院
　　　　　　余　江　　中国科学院大学公共政策与管理学院

张学文	河北师范大学商学院
张玉明	山东大学管理学院
赵　炎	上海大学管理学院
周　青	杭州电子科技大学管理学院
朱桂龙	华南理工大学工商管理学院

目　　录 Contents

数字科技下的创新范式 …………………………………………………… 1

数字化转型的主要任务和核心关键问题 ………………………………… 12

从自动化到智能化：技术与理论发展的逻辑 …………………………… 27

数字创新如何驱动创新生态系统的构建与重构？——来自蔚来和比亚迪的创新实践 … 34

传统企业数字化转型的能力构建与关键要素 …………………………… 44

"权属-主体-角色"视角下数据要素价值化架构设计与机制研究 ……… 53

建设一流学术平台，服务创新生态构建 ………………………………… 65

数字科技下的创新范式

陈 劲[1,2]

(1. 清华大学经济管理学院,北京 100084;
2. 清华大学技术创新研究中心,北京 100084)

摘 要:本文讨论了信息化和数字科技对国家经济发展的重要性,结合海尔集团、维基百科、谷歌、阿里云、京东集团等的数字创新案例,探讨了数据与创新的关系,并分析了数据驱动的创新、人工智能驱动的创新、区块链驱动的创新等创新机理,从表征、联结到聚合深入地阐释数字化战略的过程。就创新的开放化趋势——用户创新、开放式科学、公民创新的发展路径进行了详细的推演,最后展望了数字科技驱动下创新的五大趋势。

关键词:数字创新;信息化;创新范式

Innovation Paradigm of Digital Technology

Chen Jin[1,2]

(1. School of Economics and Management, Tsinghua University, Beijing 100084, China;
2. Research Center for Technological Innovation, Tsinghua University, Beijing 100084, China)

Abstract: This paper discusses the importance of information and digital technology for the national economic development, combines with digital innovation cases, such as the Haier Group, Wikipedia, Google, Alibaba Cloud, JD Group to explore the relationship between data and innovation driven, and to analyze the innovation mechanism of the data-driven innovation, AI-driven innovation, blockchain-driven innovation. It explains the process of digital strategy in depth from representation, connection and aggregation, and deduces the opening trend of innovation from the development path of user innovation, open science and citizen innovation, finally this paper summarizes 5 trends of by digital technology driven innovation.

Keywords: digital innovation; informatization; innovation paradigm

---

作者简介:陈劲(1968—),男,浙江余姚人,清华大学经济管理学院教授、博士生导师,清华大学技术创新研究中心主任,研究方向为创新管理、科技政策。

当前，中国的发展应重视两个方面的"力量"，一是数字化的力量，二是创新的力量。创新是重要的科技和经济活动，但其实施过程面临着成本高、风险大的问题，而利用数字化技术不仅可以打破创新过程中面临的困境，还可以提高创新的精准度，提高决策效率，增加创新效果。传统理念认为，提高科研投入、增加科技人才是促进发展的关键举措，但是 2016 年 Gartner 和麦肯锡全球研究院的研究表明，数字化对产业发展的贡献力量大于产品研发。事实证明，作为传统产业升级的驱动力，数字化对中国经济乃至全球经济的增长贡献卓越。如果我国能够提高数字化投入、增加数字化人才，并将创新与数字化战略相结合，必将为产业和经济的发展带来巨大力量。

从互联网走向物联网时代，对系统连接和信息整合的要求越来越高，数字化战略从数字表征、系统连接和整合等方面对原有系统做出了革命性改变，使得网络的发展实现从量变到质变的跨越。可见，数字化战略必将成为企业发展的核心战略，数字化转型将推动所有行业的企业以不同的方式创造和获取价值，促进新的业务模型和生态系统迅速形成，管理新的知识产权形式，以不同的方式扩大规模和范围，并为组织设计和管理实践创造新的机会和挑战。

1 数字科技带来的创新现象

1.1 加速的创新

数字化技术的发展带来了加速的创新。企业的传统竞争优势来自领先的产品和服务、卓越的运营能力及顾客亲密度。随着云计算、大数据、社交平台、移动设备等技术的发展，企业的竞争优势已发生了变化。

第一，在流程和资源方面，从卓越的运营能力升级为动态的、丰富的信息提供能力。数字化技术的发展使得流程进一步得到优化，人们可以通过捕捉动态信息实现点对点交互联系。例如，出行方式的变革，顾客乘坐出租车时一改传统的固定等待模式，可以利用移动智能终端设备实现定位，实时掌握车辆位置信息，寻找最佳的司机/车辆。这种动态信息的提供能力能够为顾客带来更高的价值。

第二，在产品和服务方面，从领先的产品/服务升级到领先的解决方案。例如，达美乐比萨（Domino's Pizza）就是数字化转型的成功案例之一，其成功之道在于转型为电商平台，当有更多消费者使用达美乐比萨的电商平台时，达美乐比萨就很容易获得消费者的口味变化并预测新的消费需求。尤其是针对 COVID-19 的蔓延，达美乐比萨推出的 GPS 技术及车边送餐应用程序实现了非接触式配送方式，进一步提高了顾客对比萨的需求。

第三，在客户关系方面，从顾客的亲密度上升到集体亲密度。例如，Netflix（奈飞公司）从在线 DVD 租赁服务中不断积累用户数据，通过与内容创作者的密切合作和利用全球资源推出创建和分发原创内容等新服务，并利用数字化和网络化针对用户画像提供差异化服务，不仅极大地丰富了产品类型，还进一步提升了与用户之间的集体亲密度。在此模式下，Netflix 于 2013 年推出的在线电视连续剧《纸牌屋》使其取得了重大商业成功。

1.2 大爆炸式创新

数字化技术的发展带来的第二大创新现象是大爆炸式创新。数字创新改变了传统商业模式和商业业态，突破了传统竞争战略，使得企业能更好地融合产业资源、更加精准快速地应对需求，不仅可以实现差异化竞争，还能为消费者推出更新颖、成本更低的产品和服务。这就是蓝海战略。数字化使得创新速度更快，低成本、差异化及用户友好关系更容易实现，在蓝海战略的基础上出现了大爆炸式创新。大爆炸式创新，是指某种创新从诞生之时起，就比其他竞争产品和服务质量更优、价格更低。例如，谷歌搜索是免费的，但是谷歌同时还能提供丰富的创新产品。再如，亚马逊的 Kindle 阅读器，为读者提供了丰富、低价甚至免费的电子书，这无疑给传统图书阅览带来了极大挑战。大爆炸式创新终结了波特理论，使得颠覆式创新和竞争优势等理论达到更新的状态，在这场数字化革命中，企业不仅能够为用户提供新颖的、低价（甚至免费）的产品，还能快速响应用户需求，以分布式提升模式来整合全球资源，并且形成了不受环境约束的动态能力。

数字科技对产业发展的贡献非常显著。在信息化时代，人们更为关注的是 500 强大公司的发展，强调传统信息化平台，如 ERP（enterprise resource planning，企业资源计划）、数据库等。在消费互联网时代，人们关注的是技术极客和创业公司，如 APP Store（application store，应用商店）、大数据、云计算、小程序等。在未来，产业数字化或者工业互联网时代更加强调产业极客和社会协同网的作用，典型竞争热点是 AIoT（人工智能物联网）、区块链和芯片等。现在越来越多的中国企业关注业态的变化并开始数字化转型，特别是海尔集团，其转型比较快，提出了重要思想——产品被场景替代、行业被生态覆盖，引发了全球关注。再如用友，其实现从 ERP 到 BPR（business process reengineering，业务流程重组）的创新升级。

2 数字科技的新浪潮

数字科技对创新的影响是未来重要的研究领域，数字科技主要包含大数据、云计算、人工智能及区块链技术，通常被称为 ABCD：A 即人工智能（artificial intelligence），B 即区块链（block chain），C 即云计算（cloud），D 即大数据（big data）。下文详述数据、人工智能和区块链三方面对创新带来的影响。

2.1 数据驱动的创新

数据对于企业来说是最原始、最实用的资源，拥有数据的创新者可以分配资源、参与价值分配。2020年深圳经济特区成立40周年之际，中共中央办公厅、国务院办公厅印发《深圳建设中国特色社会主义先行示范区综合改革试点实施方案（2020-2025年）》，其中就包括"加快培育数据要素市场"。这项政策制度上的激励机制，将进一步加快我国数字化发展的步伐。

世界级企业不仅将业务与技术结合起来实现创新，在采用数据和数据分析技术方面也保持联系。71%的企业利用大数据和大数据分析技术开发创新产品和服务，这些企业的业绩比同行高出36%。目前我国很多企业不具备数据深度分析能力，对数据分析不够全面。要想更好、更有效地利用大数据，必须要突破以下两个关键点。第一，企业应在更大范围内应用大数据和大数据分析技术进行创新，坚持数据产生洞察和洞察产生创新理念。第二，有效地利用大数据和分析工具开展创新，提出新想法、创建新业务。数据的应用能够帮助企业适应环境的变化，帮助企业做出快速决策，使决策和分析更加精准、动态化。

以往强调工业化与信息化的"两化融合"，如今已是"三化融合"，即信息化+工业化+管理现代化。这不仅能促进数字科技在企业的应用，也会带来管理模式的新变化。数字化的发展趋势带来了企业管理模式的深度变革，催生了一类新型企业——智慧企业。"智慧企业不是企业传统的数字化、信息化、智能化，它是企业在实现业务量化的基础上，将先进的信息技术、工业技术和管理技术高度融合，从而产生的一种全新的，具备自动管理能力的企业组织形态和管理模式，即企业管理实现自动预判、自动决策、自我演进。"[①]

新的智慧企业是通过信息化、大数据分析、知识管理、社会互动、Web等手段与企业生产、经营全过程深度融合，促进企业内部资源优化配置，持续提高企业的创新能力，激发员工的主动性、创造性，增强企业对于经营环境与市场需求变化的自适应能力的企业新业态。智慧企业的互动模型有机器或设备之间的互联，人与机器（设备）的协同工作，还有人与人的社会互动和群体智慧。不仅要强调物与物、人与物，还要强调人与人之间的互联，能更好地完善智慧企业的要求。未来可能还会产生群体智慧+机器智慧+人机混合智慧三元智慧融合的模式，机器拥有思想，甚至能够思考，在社交媒体中人类与机器的互动形成新多元智慧，届时人类的工作和生活场景将会发生翻天覆地的变化。

当前的智慧企业能够做到数据感知和数据互联，但还无法完全做到数据集成，而继续升级让数据产生知识以从中洞察智慧，则是对智慧企业更高层面的要求。图1是笔者研究团队提出的智慧企业成熟度模型。企业的业务流程不断延伸，从组织内部到外部，不断提升数据和信息知识的高度，沿着信息手段的方向，从数据采集系统到可视化系统形成可视化组织系统，到决策支撑系统和战略研预系统，并沿着系统不断延伸，未来企业应特别重视决策支撑系统和战略研预系统。智慧企业是企业发展的高级阶段，是一项复杂的系统工程；智慧企业运行平台是承载企业全部经营

[①] 资料来源：国电大渡河流域水电开发有限公司《智慧企业研究报告》。

活动，全要素实现数字化、网络化、智能化的物理载体，更承载着组织成员不断思考战略、商业模式、领导能力、组织结构及价值创造的方法，是提高企业竞争力的新方向，也是下一个万亿级产业发展方向，对中国经济发展具有重大的潜在影响。

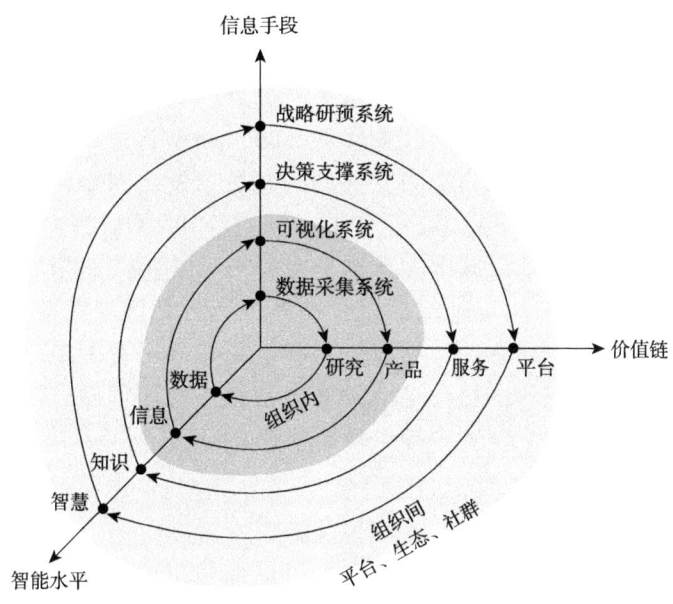

图 1　智慧企业成熟度模型

智慧企业建设目标是实现自动管理，自动管理泛化为三个方面的具体含义，即自动预判、自主决策和自我演进。自动预判就是企业风险识别自动化，指企业通过业务量化，采集并生成大数据，应用最前沿的大数据分析处理技术，实现企业各类风险全过程识别、判定并自动预警。自主决策就是企业决策管理智能化，指企业自动预判不同层级的问题和风险，运用信息技术、人工智能技术及前沿决策技术等，由企业各类"专业脑"自动生成应对问题及风险的方案，提交企业"决策脑"进行决策。自我演进就是企业变革升级智能化，指企业随着各类原始数据和决策数据的不断累积，通过记忆认知、计算认知、交互认知三位一体的认知网络，实现自我评估、自我纠偏、自我提升、自我引领，使得企业逐渐呈现出数据驱动的管理形态和人工智能的特点。

数字化发展使得企业的经营战略也随之发生了改变，"国电大渡河智慧企业"建设战略是业内首份智慧企业战略，形成了"决策指挥中心"的"决策脑"；形成了工程建设类、电子生产类、安全监控类、市场营销类、人财物管理类、后期保障类、党群工作类等多个"专业脑"，其中企业机关本部的企业财务数据共享中心建成运行使得公司财务管控更加有效，大大降低了融资成本，管理人员和成本大幅下降，资金使用水平大幅提高，每年节约管理成本约 1 000 万元，融资成本达 3 亿元；形成了"智慧工程""智慧电厂""智慧检修""智慧调度"四个"单元脑"的智慧企业体系，其中"智慧调度"的建成实现了大渡河下游梯级水电站群的远方集控、统一调度和人工智能化协同运行,多项集控调度技术达到国际国内领先水平。

数据驱动创新方面具有代表性的互联网企业如阿里巴巴,其在电子商务、智慧物流及金融服务等领域都拥有强大的大数据平台作为支撑。阿里巴巴创立的阿里研究院发起了"阿里开放研究计划"活动,目标是搭建"网商+研究者"在线对接的平台,发掘阿里平台案例和数据的价值,同时支持研究者成长,促进世界一流研究成果诞生,从而提高中国电子商务研究水平。此外,智慧城市的建设同样强调大数据平台的支撑作用,典型代表是浙江大华的 HOC 新型智慧城市架构,其是以全感知、全智能、全计算、全生态为能力支撑的智慧城市发展引擎,实现面向城市级、行业级和民用级构建"1 个平台、2 个中心、N 类应用"(1+2+N)的新型智慧城市架构。其中,"1 个平台"是指城市大数据平台,"2 个中心"是指城市运营管理中心和城市安全中心,"N 类应用"则包括智慧警务、智慧交管、雪亮工程、智慧消防、智慧教育等领域的应用。总之,数据应用是智能化发展进程中最基础、最容易实现的一项,事实证明目前在我国社会经济发展中数据的应用程度已经非常良好,数据驱动必定会在社会经济未来发展中提供源源不断的动力。

2.2 人工智能驱动的创新

人工智能是数据应用更深层次的挖掘,可以提高数据使用深度,能够进一步驱动创新。近年来人工智能领域的迅速发展对经济乃至整个社会的发展都产生了深远影响,这些创新有可能直接影响一系列产品和服务的生产和特性,对生产力、就业和竞争产生重要影响。但与这些影响一样重要的是,人工智能也有可能改变创新过程本身,其结果可能同样深远,并且随着时间的推移,可能会产生更多直接效应。尽管最初人工智能的应用领域较为局限,其最初的商业化应用主要局限在机器人等领域,但未来人工智能可能与更多的领域相结合。例如,成立于 2012 年的 Atomwise 是一家药物挖掘与人工智能结合领域的比较有代表性的初创公司,Atomwise 的核心技术平台是一种深度卷积神经网络,利用自主分析大量的药物靶点和小分子药物的结构特征并学习小分子药物与靶点之间相互作用规律,并且根据学习到的规律预测小分子化合物的生物活性,不仅加快药物研发进程,还节约了药物研发成本。2020年中国科学院张钹院士提出了第三代人工智能,这种超越现代人工智能的提法以及相关技术的进步,对人类未来的发展势必会产生更加深远的影响。

人工智能的三大核心技术是符号系统、机器人技术和深度学习。从这三项技术对创新的影响来看,尽管符号系统的工作停滞不前,但是未来其对创新的影响可能相对较小。目前,机器人技术正在被使用且持续探索中,其发展可能在许多商品和服务的生产中进一步取代人类劳动,但机器人技术本身的创新改变创新本身性质的潜力相对较低。深度学习是高度通用的研究领域,它有可能改变创新过程本身。人工智能不仅仅要利用计算机学的知识,更需要数据技术的支撑,如统计学。使用统计学知识可以研究神经网络,对模型进行预测或者研测,所以研究者应该重视统计学在人工智能发展中的应用。因此,在未来人工智能的研究中,建议研究人员采用统计学+计算机学+电气工程相结合的学科方向。

近年来,中国人工智能研究增速迅猛,尤其是 2016 年以来在一系列人工智能技术创新和实践创新的带动下,中国学界人工智能研究正呈现"井喷状"增加。美国斯坦福大学发布的《2019 人工智能指数报告》(*Artificial Intelligence Index Report 2019*)显示,在人工智能研究领域,中国以微弱优势超过欧洲,在全球出版物中所占比例为 28%,而欧洲为 27%。该报告还显示,2018 年中国人工智能期刊论文发表数量位居世界之首。而且,中国人工智能研究正出现学科快速扩散的趋势,经济与管理学科正迅速加入人工智能的研究热潮。同时,创新研究在人工智能研究中具有广泛的应用前景,但当前总体研究水平不高,留有大量的研究空白。

人工智能创新的协作机理是基础创新与应用创新并存、单领域与多领域并存、技术创新与制度创新并存的过程。人工智能创新的技术机理是深度学习算法实现了人工智能创新的方法论突破,数据驱动的基本原理实现了人工智能创新的思维方式转变。例如,谷歌 DeepMind,其软件控制着谷歌数据中心的风扇、制冷系统和窗户等 120 个变量,使谷歌的用电效率提升 15%。研究表明,谷歌 DeepMind 可以应用于健康、科学和能源等领域。

目前,在人工智能的市场蓝海里,我国已有企业成功试水并顺利落地于产业应用。例如,灵伴科技是一家面向新兴人工智能技术的科技创新企业,其优势是通过实验室成果的商业化,来推动人工智能的产业化过程,表 1 是灵伴科技的发展历程。灵伴科技通过人工智能技术为企业赋能,专注声音信号处理、语音识别、语音合成、自然语言理解的核心技术研发与应用,尤其是在人机交互方面具有超前的决策和思考方式,其产品覆盖银行、保险、运营商等传统客服中心,并向电商、物流、教育、医疗等新兴客服中心不断延伸。

表 1 灵伴科技的发展历程

时间	2014 年	2015 年	2016 年	2017 年	2018 年
发展阶段	公司创立;探索 AI 产品落地领域	1.初定产品方向:明确将智能人机交互技术应用于呼叫中心产品 2.进入产品开发进程,以项目为契机,获取客户真实需求,研发产品	1.产品 1.0 版进入应用落地阶段 2.探索以租用为主的云服务商业模式	1.商业模式初步成型 2.线上:云平台 SaaS 服务;线下:产品或服务买断的方式	在原有基础上,探索新的商业模式,如基于智能交互技术的电话调查业务承接等
主要产品	AI 核心技术研究;尝试智能家居、车载、互联网等方向	睿思智能语音交互机器人系统	睿思智能语音交互机器人云平台 1.0	睿思智能语音交互机器人云平台 2.0(行业首个融合声纹和情绪识别的对话机器人平台)	睿思智能语音交互机器人云平台 3.0;人机融合智能运营平台 1.0
重点任务	基础算法开发;产品原型开发及试用	智能语音交互机器人核心技术研发	呼叫中心行业技术融合;行业项目落地	银行、保险业务知识学习;产品技术创新	开拓家电、教育等新行业

续表

时间	2014 年	2015 年	2016 年	2017 年	2018 年
发展理念	以技术为导向,寻找产品方向	将 AI 技术赋能传统呼叫中心	以核心产品驱动	打造智能交互+云通信的综合服务 SaaS 平台	由技术服务提供商向业务服务提供商方向转变

2.3 区块链驱动的创新

如果说人工智能加快了数据使用的深度,那么区块链则拓宽了数据使用的广度,而且区块链技术将进一步加快数据驱动的创新。区块链的特征是去中心化、开放性、自治性、安全性、可追溯性。维基百科(Wikipedia)是非常典型的利用区块链技术来管理知识创造的模式,其没有真正的管理者,用户在网络中自我协调、自我控制、互相监管,完全自由开放、自组织创新。相对来讲,人工智能侧重于内部创新,而区块链则更多利用外部资源进行创新。区块链改变了发展业态,在这个系统里每个人都是知识贡献者,每个人同样也是知识获取者,贡献和索取两者相互兼容,这样就带动了分布式创新的展开,用户可以利用外部资源创造新知识。

基于区块链技术的创新生态系统中的企业创新能力体现在以下三个方面:一是基于区块链技术的企业知识管理平台可以一方面从多部门同时搜集技术,避免信息孤岛,并保证数据在不被篡改的情况下实现开放共享;二是建立在区块链数据库上的知识管理平台能够通过其去中心化的结构提升搜集效率,形成由下而上的企业知识库,并产生协同效应;三是基于区块链技术激励机制可以促进知识多元化、独创性地发展。区块链技术可以准确记录员工参与创新的每一个动态(提供知识、阅读知识、分享知识、评价知识),并形成个人创新绩效档案。在这个档案基础上,设计出相应的创新激励共识算法,根据个人的创新贡献程度给予定量激励,形成价值网络。此外,区块链技术的使用可以提升企业的开放度,用去中心化的技术系统让外部角色更加高效地参与企业的创新过程,从而提升企业吸收能力。在开放式创新的理论基础上,区块链技术可以作为有效的技术支撑。区块链技术的可追溯性和不可篡改性在解决技术溢出问题上有无可比拟的优势。区块链技术的可追溯性可以记录技术使用过程中经过的每一个节点,并通过设计可以形成专利保护的有效机制,能有效保护知识产权,同时还大大提高了知识产权的管理效率。

基于区块链的企业创新战略不仅包括系统化战略,还包括个性化战略。系统化战略即企业采用区块链技术可以有效梳理企业自身的业务体系,并通过企业管理过程中各节点之间的协同促进企业内部管理的"系统化战略"。个性化战略即企业在管理过程中不断积累的隐性知识,因为"系统化战略"会被有效收集、积累和分析。例如,惠氏奶粉采用供应链溯源体系收集到的供应链相关的数据,可以被用来分析并在未来形成提升效率的方案，产生企业自身的"个性化战略"。可见，区块链技术不仅适用于企业内部资源的管理，还能够用于管理企业用户、科研机构、政府机构以及社会网络中的开放性资源。在区块链环境下，企业内部创新进行有效管理之后形成创新的"骨骼"，开放性地整合外部创新资源就形成了创新的"血液"，"骨骼"与"血液"相连会极大地促进我国企业创新生态的进一步落实。

随着区块链概念持续火热，越来越多的大型互联网企业瞄准区块链市场。例如，京东集团推出的区块链专属品牌——智臻链，以产业为核心，兼顾了产业、政府和民生，强调了区块链管理的五个模式：区块链供应链溯源、数字存证、信用网络、金融科技和价值创新，面向各种应用场景，从电商、物流到政务、税务、社会治理，再到融资、资产、民生等构建了区块链管理体系，有效支撑了京东集团的创新发展。京东智臻链区块链服务平台解决了惠氏奶粉的供应链溯源问题，通过京东智臻链以及与京东物流、仓储系统的合作，惠氏奶粉在进入我国之后的每一个节点信息，包括出港、入港地点和时间，出入库时间，装箱、快递员配送信息等都能够做到数据上链，让消费者随时获得供应链条的实时信息。在未来，通过搭建供应链上游信息的追溯系统，从奶源开始进行品质把控，解决奶粉本身的质量风险问题。同时，结合国内外相关监管部门和质量专家的介入，定期维护关键质量指标并设计质量管理标准，真正做到从源头到消费者手中的每一个环节都公开透明、数据可信、不可篡改，完成奶粉供应链的全周期技术迭代。

区块链技术实现了知识的开放和共享，形成了大众创新和公民创新的创新氛围，推动用户创新进一步走向开放式创新。开放式创新的典型代表是宝洁，宝洁利用全球资源进行创新，促进宝洁创新能力的建设，在2000~2009年的十年间，宝洁的研发成功率从35%提高到65%，研发占销售额的比例从4.9%下降到2.6%，同时通过区块链技术的应用实现了企业网络化，进一步推动了企业的变革。从国内来看，海尔集团搭建了开放式创新服务平台HOPE，是创新者聚集的生态社区，是全球范围的庞大资源网络，把技术、知识、创意的供方和需方聚集到一起，提供交互的场景和工具，促成创新产品的诞生。海尔集团正是利用区块链理念进行了组织变革，如今海尔集团的员工数量在逐渐减少，外部专家资源的利用能力则越来越强。

大数据、人工智能、区块链等数字科技正在迅速改变产业形态，这些技术将有效地协助人类进行高质量的创新，改变传统的效率低、风险大、失败率高等问题，进而帮助人类构建智慧组织，构建创新大脑和打造无际创造。在未来发展中，笔者建议首先应利用数据技术建立拥有全面感知、精准决策、敏捷反应、资源共享、主动创新等能力的智慧企业。其次，要构建创新大脑，构建基于大数据、云计算和人工智能的"新脑"，特别是利用人工智能技术实现自主学习，利用云计算实现高能处理，从而帮助人类创造知识和科学决策。最后，打造无际创造，应从封闭式创新走向用户与开放式创新，走向创新生态体系创新，发展维基式创新，走向公民创新或者公众创新。

创新是高质量发展的第一动力。在数字经济时代,数字化不再是可选项,而是企业生存的必选项。企业不仅需要考虑如何借助技术手段实现数字化转型,而且需要探索如何将行业专长与数字技术相结合,重新塑造其所在的市场,重新定义企业自身在数字化创新生态体系中的新角色。

未来数字科技下的创新有如下五个特征。

第一,大数据、云计算和人工智能的协同。创新存在着成本高、风险高的困境,前文提到的颠覆式创新以及科学的创新都需要企业投入巨大的研发资源才能完成,但是数字化可以让企业大大减少无谓探索。通过数字化手段,特别是大数据分析及相关的文本分析去获得关键可靠有效的用户创新方案,对企业创新是很有效的。因此,如何把大数据、云计算和人工智能用好对于企业来说意义重大。

第二,AR(augmented reality,增强现实)、VR(virtual reality,虚拟现实)或元宇宙发展迅速。法国哲学家列斐伏尔在《空间的生产》一书中提出人人具有进入城市的权利,城市和社区的舒适体,以组合的方式共同创造独特的场景[1]。上述场景则赋予了城市生活的意义、体验和情感共鸣,这是多伦多大学社会学副教授西尔和芝加哥大学社会学教授克拉克的著作——《场景:空间品质如何塑造社会生活》所阐述的重要观点之一[2]。法国哲学家列斐伏尔创造了三元辩证论,他的后续研究者埃尔登对列氏空间理论做了进一步的解读。埃尔登认为空间包括三类,即感知空间、构思空间及体验空间。感知空间是一种物理空间,构思空间是一种精神构造和想象的空间,而体验空间则是在一种日常生活中被加工过的空间。基于此,我们可以把未来经济增长的发展空间定位成三类空间,即物理空间、人际空间和赛博空间(cyberspace)。物理空间、人际空间在此不再赘述。赛博空间是哲学和计算机领域的一个抽象概念,指计算机及计算机网络里的虚拟现实。虚拟现实在这个空间的范围和扩展性比传统的物理空间或者人际空间更大。赛博空间的出现为经济和社会活动提供了虚拟现实仿真模拟的更多可能,加快了以信息生产、分配、使用为基础的知识经济和创意产业的发展。由于赛博空间能够实现能源和资源的高度节约,因此赛博空间的建立也为可持续发展找到了新路径。在以仿真模拟为基础的元宇宙的发展背景下,仿真的创新受到了人们的高度重视,其在医学癌症研究、城市建设、新型冠状病毒肺炎疫情的控制等方面都具有重要应用前景。

第三,自动化技术与创新的关系日益密切。这两个词正在重塑世界上每一个行业,创新需要自动化的支撑,自动化释放了更多资源,使员工能够将注意力集中于创新之上。反过来,研究也表明创新是流程的改进和采用新的工作方式,创新有助于实现自动化,使得公司的生产运营变得更加灵活。例如,赫兹(Hertz)是汽车租赁行业的领先企业,也是率先采用甲骨文股份有限公司开发的自动化数据库的公司之一,以往赫兹需要数周的时间来批准、安装和调整一个新的数据库,这大大减慢了数据收集的速度,并且延长了客户的等待时间,而在采用自动化数据库后这一切均得以改善。这充分说明,自动化技术的日益成熟将使"创新的自动化"成为常态。

第四,数字科技如何"科技向善"。物联网、人工智能、区块链等技术的发展,进一步影响了管理方式的变革，这种管理更加强调人与人之间的美好连接，形成以关爱为驱动，以尊重为导向的温情式管理。数字化用得好的话，会推动人的全面发展，甚至是文明的进化。因此，如何让数字化提供更好的创造平台，管理创新则显得尤其关键。

第五，数字化思想是开放、整合的思想，这恰恰与中国传统文化思维一脉相承。中华文化博大精深，其精髓正是开放和融合，重视社会关系之间的联络，只是在没有借助信息化技术的情况下，联络效率较低。相信在数字科技的支撑下，我国数字化发展必定如虎添翼，未来应进一步研究数字科技和创新的外延，扩大中国企业、中国产业创新发展的力度和深度，助力我国早日发展成为社会主义现代化强国。

参 考 文 献

[1] 列斐伏尔 H. 空间的生产[M]. 刘怀玉，等译. 北京：商务印书馆，2021.
[2] 西尔 D A，克拉克 T N. 场景：空间品质如何塑造社会生活[M]. 祁述裕，吴军，刘柯瑾，等译. 北京：社会科学文献出版社，2019.

数字化转型的主要任务和核心关键问题

周 剑

（北京国信数字化转型技术研究院，北京 100094）

摘　要：本文从信息技术引发的系统性变革、以价值体系重构为根本任务、以新型能力建设为核心路径、以数据为关键驱动要素等方面探讨了对数字化转型的认识和理解。基于十余万家企业数据描绘了制造业数字化转型现状全景图。然后，从发展战略重构价值主张、新型能力重构价值创造和传递、解决方案重构价值支持、组织管理重构价值保障、业务转型重构价值获取等方面提出了数字化转型的主要任务。最后，围绕如何系统有效协同推进各项任务、如何有效获取转型价值效益、如何建设新型能力体系、如何广泛汇聚社会合力等方面提出了数字化转型关键问题与应对策略。

关键词：数字化转型；数字能力；价值效益；数据要素；数字经济

The Main Tasks and Core Issues of Digital Transformation

Zhou Jian

(Beijing Guoxin Digital Transformation Technology Research Institute, Beijing 100094, China)

Abstract: Firstly, this paper discusses the understanding of digital transformation from systematic change caused by information technology, value system reconstruction as the fundamental task, enhanced capacity-building as the core path, data as key driving factor and based on the data of more than 100 000 enterprises to show the panorama of digital transformation in manufacturing industry. Then, it puts forward the main tasks of digital transformation from the aspects of development strategy refactoring value proposition, enhanced capability reconstructing value creation and transmission, solution reconstructing value support, organization management reconstructing value guarantee, business transformation reconstructing value acquisition. Finally, it presents the key

---

作者简介：周剑（1975—），男，湖南宁乡人，北京国信数字化转型技术研究院院长，中关村信息技术和实体经济融合发展联盟（简称中信联）副理事长兼秘书长，正高级工程师，研究方向为数字经济、数字化转型、两化融合、工业互联网。

issues and coping strategies of digital transformation form how to effectively coordinate the tasks, how to effectively obtain value and effectiveness of the transformation, how to build enhanced capacity system, how to widely converge the social cohesion.

Keywords：digital transformation；digital capability；value and effectiveness；data elements；digital economy

1 数字化转型的基本认识和理解

以传统物质经济为代表的规模经济是通过工业技术的创新发展提高规模化效率，对物质产品进行加工、生产和服务以实现规模化发展的模式。然而，近年来传统规模经济的发展遇到隐形天花板，物质经济面临着环境、资源、能源等巨大约束，亟须寻找新的发展空间。新一代信息技术引发的科技革命和产业变革为经济发展带来了新的机遇，信息技术赋能范围经济、多样化经济的快速发展，人类社会正逐渐从过去以物质经济为代表的规模经济发展阶段转向以数字经济为代表的范围经济发展新阶段，进入以数据要素驱动经济发展的新时代。新一代信息技术的深度应用促使企业、行业、区域经济面临数字化转型，数字化转型的核心要义是将适应物质经济、规模经济的生产力和生产关系转变为适应数字经济、范围经济的生产力和生产关系，形成新的动能，创造新的价值，实现新的发展。为了更好地理解数字化转型，笔者从以下几方面进行说明。

1.1 数字化转型是信息技术引发的系统性变革

当前的经济发展特征已由原来的规模经济转向范围经济，从物质经济转向数字经济。新一代信息技术引发的是综合性、系统性变革，而不是局部的变化。现在再仅"摸着石头过河"很难避免盲人摸象的问题，因为在系统性颠覆的时代一定要有全局意识、体系性思维和结构化的措施，才不至于在战略变革的时代错判方向。虽然有些地方可以先行先试，但一定要把握系统性，从宏观经济的角度做出总体设计，否则很容易南辕北辙。

相适应地，生产力也会发生变革。从劳动者、劳动工具、劳动对象来看，在新的数字生产力时代，关键要将数据要素全面融入生产要素、生产力，去实现生产力的改造。不断推动生产力的数字化、网络化、智能化发展。从劳动者的角度来看，过去的劳动者纯粹靠本身，未来智能辅助人一定是非常重要的发展方向。从劳动工具的角度来看，未来劳动工具会越来越数字化、网络化、智能化。从劳动对象的角度来看，劳动对象或劳动资料从以物质为主转向以信息知识为主，物质逐渐会演变成载体。比如特斯拉，其未来的卖点是硬件越来越少，更多是基于汽车这一载体推出相应的软件和服务。

在数字生产力下，生产关系会相应地发生变革。过去的生产力是基于工业技术的分工和规模化效率，解决的是规模经济发展的问题，需要人参与到规模化效率的组织当中来，要求专业和职能的细分。因为职能细分是建立在标准化基础上的层级制结构所必需的，每个人有确定的职能职责，所以就形成了金字塔式组织架构。但是现在生产关系变得越来越柔性、越来越动态，市场由过去消费驱动变成了按需拉动。过去是生产决定消费，现在是消费引导生产。因此，整个生产关系就发生了巨变，这种巨变需要更柔性的生产组织方式，人的职能和职责是动态的。当然，在此情况下，一定需要智能辅助来赋能，人与人之间变成动态的协作关系，不再是支配与被支配的关系。未来的组织是柔性的、动态的、开放的，其运作的关键是所有行为要与价值等同对待，是以价值为导向的生态。2020年4月9日，中共中央、国务院发布《关于构建更加完善的要素市场化配置体制机制的意见》，其中提出数据作为五个要素领域改革的方向之一，还提出加快要素价格市场化改革，探索建立按价值分配的机制，而不再仅是按劳分配。生产关系只有随着生产力同步变革，才能充分释放新生产力的潜能，促进数字经济的发展。

1.2 数字化转型的根本任务是价值体系重构

企业是一个创造、传递、支持和获取价值的系统，其任何一项数字化转型活动都应围绕价值效益展开，价值体系没有重构不能称之为成功转型。所以数字化转型的根本任务一定是价值体系重构。

在价值主张方面，过去是卖方市场，未来是买方市场。在价值创造方面，过去靠技术创新，未来靠能力的建设、赋能。在价值传递方面，过去是商品交易，未来是能力共享。未来商品交易的概念将逐渐消失，产品由人们根据需求来共同创造，在赋能的基础上一起实现、分享价值。在价值支持方面，过去是单一要素，未来是全要素、动态支持。在价值获取方面，过去是靠单一业务（产品），如鼠标生产厂家只会生产鼠标，不会生产别的商品。在数字化时代，这种情况将发生变化，如美国提出的自适应产业。尤其是在2020年全球新型冠状病毒肺炎疫情的影响下，人们已经意识到转产能力的重要性，今天需要口罩，就生产口罩，明天需要呼吸机，就生产呼吸机，甚至后天需要飞机，就能生产出飞机零配件等。未来是服务生态，产品会走向集群化、多样化，只有这样才能把用户牢牢抓在手里。企业应导入先进方法论，使各相关主体在协调一致的价值导向、体系框架、方法机制下，实现数据信息、设备工具、人员组织等的协同协作和动态优化，稳定获取转型价值效益。

1.3 数字化转型的核心路径是新型能力建设

数字化转型的核心路径是新型能力建设，尤其是数字能力的建设。数字能力是利用新一代信息技术创造新价值的生存和发展能力，是组织应对数字时代不确定发展需求的综合本领。工业时代基于工业技术的规模化效率，解决的是规模经济发展的问题，其底层是资源层，上层是业务能力层，业务能力层包括研发业务活动、生产业务活动和服务业务活动等。工业时代的业务与能力一体化，二者相互绑定，开展研发业务活动要具备研发业务能力，开展生产业务活动要具备生产业务能力，开展服务业务活动要具备服务业务能力。业务能力层直接调用资源层，形成封闭体系，这是价值封闭性造成的。所以工业经济是基于技术壁垒构筑的纵向封闭式体系。

数字经济是基于新型能力共建、共创、共享的开放价值生态。数字时代的商业价值发生了巨变，底层还是资源层，然而所有的资源都希望被充分共享调用，不再像过去所有资源与业务是纵向封闭绑定的。资源层要实现充分共用，业务层要实现社会化协同，就要实现业务、能力与资源层的解耦，当前人们通常提到的中台、平台的概念就属于能力层。能力层架构起之后，能力层会按需调用资源层，使社会资源被最大化利用，从而轻量化、社会化、开放化地快速发展个性化、动态化的业务。如果制造业按照这个模式发展，将能力层分离出来，那么整个制造业的创新将变得更加多元、开放。

通过新型能力建设能够充分发挥信息技术赋能作用，打破专业工业技术壁垒，支持业务按需调用能力和资源，以快速应对市场需求变化，形成轻量化、社会化的业务服务新模式，动态响应用户个性化需求，获取多样化发展效率，开辟新的价值增长空间。

1.4 数字化转型的关键驱动要素是数据

数据是继土地、劳动力、资本和技术之后的第五大生产要素，应充分发挥数据作为信息媒介、价值媒介、创新媒介等方面的核心关键作用，能有效激发数据创新驱动潜能。当前，不宜直接将数据视作资产，而是要深入发挥数据作为要素的根本作用，笔者认为数据的价值主要体现在以下三方面。

第一，数据是信息媒介。构建实现信息透明和对称的信息网络，提高社会资源的综合配置效率。

第二，数据是价值媒介。例如，基于区块链等技术，可以构建价值网络，推动基于数据的价值在线交换，形成数据驱动的信用体系和交换机制，提升数字企业价值创造能力，提高社会资源的综合利用水平。目前，产业界主要只实现信息的在线交换，尚无法实现价值的在线交换，但是已经出现了一些雏形，如供应链金融等。

第三，数据是创新媒介。过去是经验技术化，用工艺装置将技术固化，未来数据会成为不确定性知识经验和技能新载体，推动基于数据模型的知识创新和技能赋能，提升生态组织开放合作与协同创新能力，提高社会资源的综合开发潜能。

2 制造业数字化转型现状全景图

截至 2019 年 4 月，我国参与两化融合评估的企业数量已达 13 万余家，覆盖国民经济三次产业 100 多个细分行业，行业、规模、区域等维度下样本结构与全国实际企业分布基本一致，样本代表性较强。2014~2019 年参与两化融合评估的企业分布情况如图 1 所示。

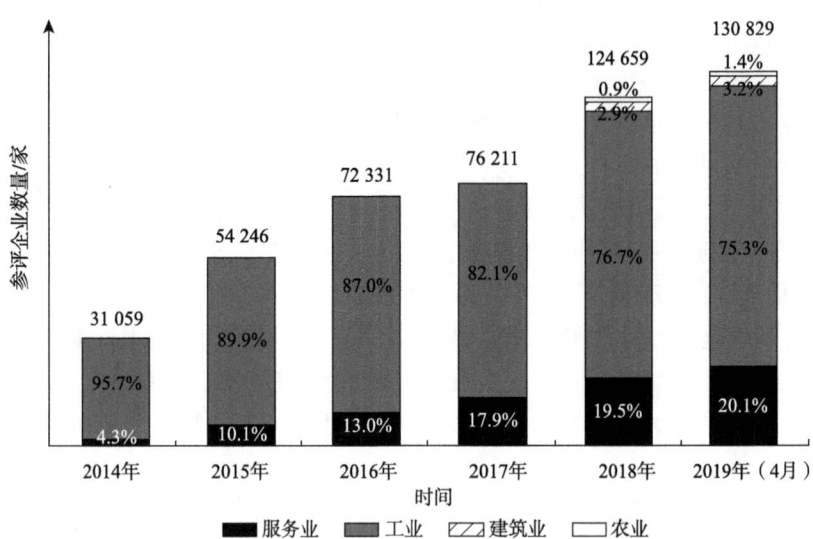

图 1 2014~2019 年（4 月）参与两化融合评估的企业分布

2012~2018 年全国企业两化融合发展情况如图 2 所示。总体来看，中国制造业已经进入从单元级应用向集成应用转变的重要时期，20%左右的企业正在进入集成应用阶段，约 80%的企业还处于单元级应用阶段。一旦进入集成应用阶段，企业内部将实现业务集成和资源配置集成，企业信息化价值成效会得到质的提升。因为信息技术的应用条件日益成熟，且能为企业带来非常明显的价值效益，所以现在越来越多的企业正加速进入集成阶段。

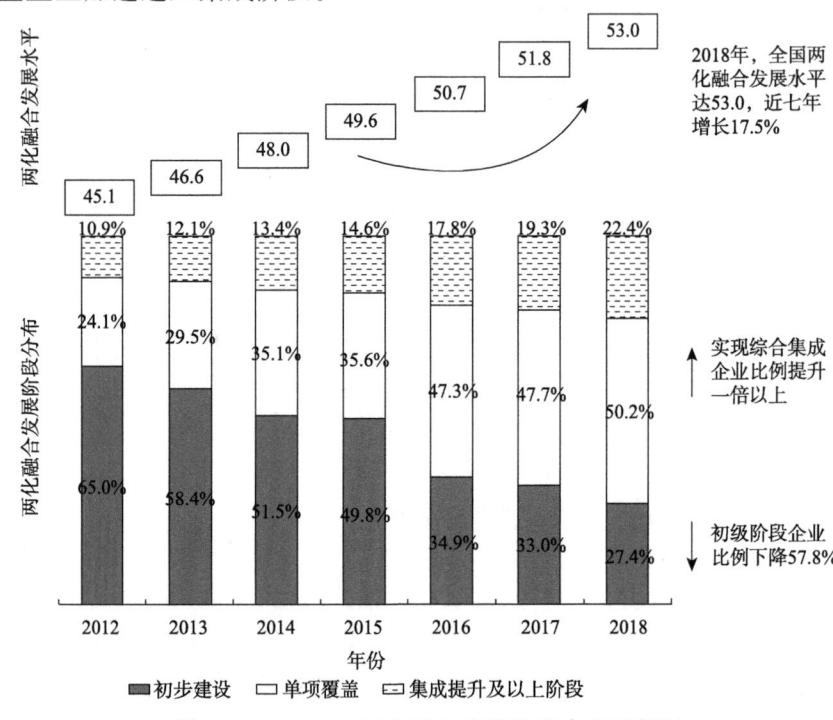

图 2 2012~2018 年全国企业两化融合发展情况

从区域分布来看，2018年我国区域数字化转型发展仍呈现"东高西低"的阶梯性态势，区域之间发展不平衡。但发展增速第一梯队近60%为中西省份。2018年省域企业上云指数呈现出自东向西逐级递减特征，第一梯队均为东部省份，但增速第一梯队62.5%为中西部省份，企业上云用云加速弥补东中西部各省份产业发展的"数字鸿沟"。这说明真正实现数字化转型非常困难，东南沿海地区企业也在摸索中前行，已完成相对容易的工作，困难的工作还没有突破，中西部地区的企业作为后进者通过学习前人的经验，发展加速度就变得更快。可见，数字化市场空间将变得越来越大，一旦突破困境，必将迎来巨大的发展前景。

从行业分布来看，不同行业的数字化转型的重点和路径各异。原材料行业如大型钢铁业关注智能生产、智能工艺管控和全工艺流程的管控，基于工业大数据实时采集分析，构建集约高效、实时优化智能生产新体系，助力行业降本、提质、增效。装备行业如工程机械聚焦研发与创造一体化管控和协同优化，开展延伸服务，推出全生命周期后端的增值服务。消费品行业中的家电产业，如小米、海尔等智能家居实现精准定义新供给，深度触网催生用户参与价值共创模式创新，不断完善基于用户需求精准定义的新供给体系。导致这种现象的深层次原因是不同行业的价值模式不同，所以价值重构的需求也就不同。

云平台成为企业协同新模式、新业态培育的重要切入点，企业云服务应用已从以数据存储和计算为重点向信息系统云端迁移发展，企业云服务应用逐渐走向深入。通过核心业务系统上云，打通信息孤岛，促进制造资源、数据等集成共享，借助云平台实现系统内部互联互通，助力企业跨越内部综合集成困境。如图3所示，2018年上云企业中通过建立或应用互联网开放社区实现价值网络中各相关主体动态协同企业比例为78.7%，较未上云企业高约37个百分点。云平台通过整合各类资源和服务，有效推动了数字经济背景下新模式、新业态的培育。所以云平台将成为跨企业协同新模式、新业态培育的重要切入点。

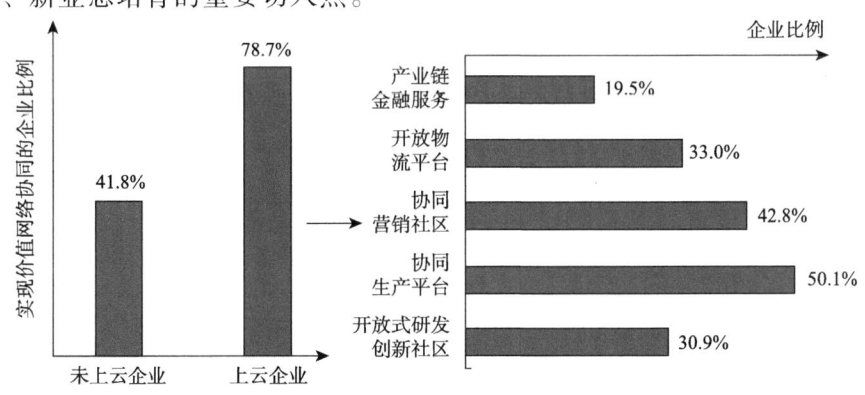

图3 2018年我国企业实现价值网络协同情况

目前，大多数企业的产品还未实现数字化、智能化，但部分行业已初步向产品智能化方向迈进，特别是电子和交通设备制造行业，2018年这两个行业智能产品比例已分别达到46.9%和40.0%，显著高于其他行业。从图4所示的2018年部分重点行业开展服务模式创新的企业比例可以看出，电子和交通设备制造行业在服务模式创新和产品智能化方面较为领先，可见产品智能化水平与企业服务模式创新能力正相关，产品智能化是服务模式创新的催化剂，是众多新服务模式的必要条件，未来基于智能产品的在线服务将呈现更多新亮点。

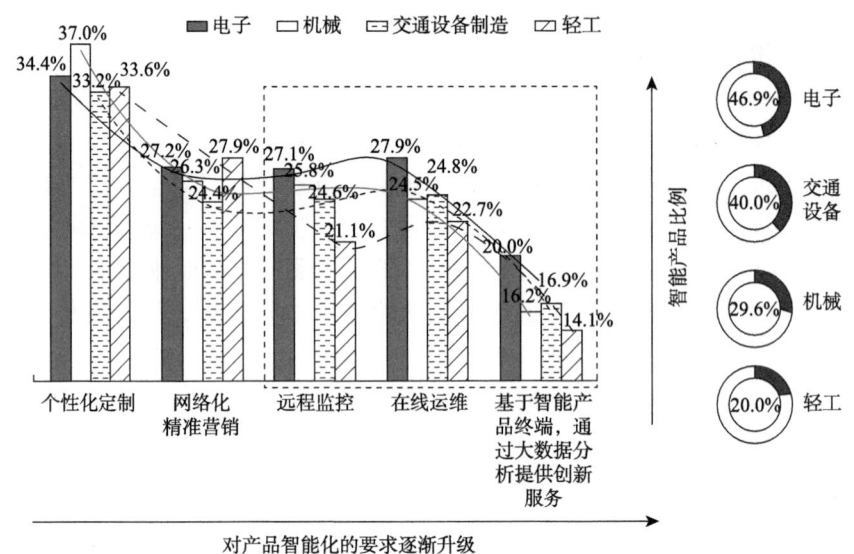

图 4　2018 年部分重点行业开展服务模式创新的企业比例

上述数据分析能够深刻反映当前中国制造业数字化转型中的不足和挑战，笔者总结如下。

第一，推进数字化转型亟须突破设备终端全面连接的瓶颈。设备设施联网是数字化转型的基础，但由于受传统产业封闭技术体系和价值壁垒的影响，以及线上服务能力不足、设备入网成本高昂、价值回报预期不足等原因，我国设备设施联网水平总体偏低。2018 年，我国企业数字化生产设备的联网率仅为 39.4%。推进企业数字化转型亟须突破设备终端全面连接的瓶颈，才能实现全面数据驱动新模式。

第二，企业内部业务全面集成管控水平不高，跨企业协同难度大。2018 年，我国处在单项覆盖阶段且已实现关键业务环节全面数字化的企业占比为 24.5%，基于同一信息平台实现内部业务管控的企业占比为 15%，能够通过统一信息平台实现与相关方业务在线协同的企业占比为 13.7%。全面集成既包括技术与业务之间的集成，又包括业务与业务之间的打通，同时还包括各种模式之间的集成，这是利益机制和价值机制的变革，不能简单地理解为技术应用问题，唯有全面改革才能真正解决问题。

第三，工艺技术软件化能力不足，工业 APP 供给能力亟待提升。2018 年我国主要工业软件普及情况如图 5 所示，可以看出生产管控类软件和系统的普及率不高，产品数据全生命周期管理和协同应用的高端研发类软件应用率较低。在工业 APP 方面，我国工业 APP 数量较少，发展基础薄弱，尚处于初级阶段，供给能力有待进一步提升，2018 年我国上云企业能够实现工业 APP 封装应用的企业比例仅约为 12%。

未来要跳出传统思维,从重硬件轻软件到以软件为主,以全面实现数据驱动。

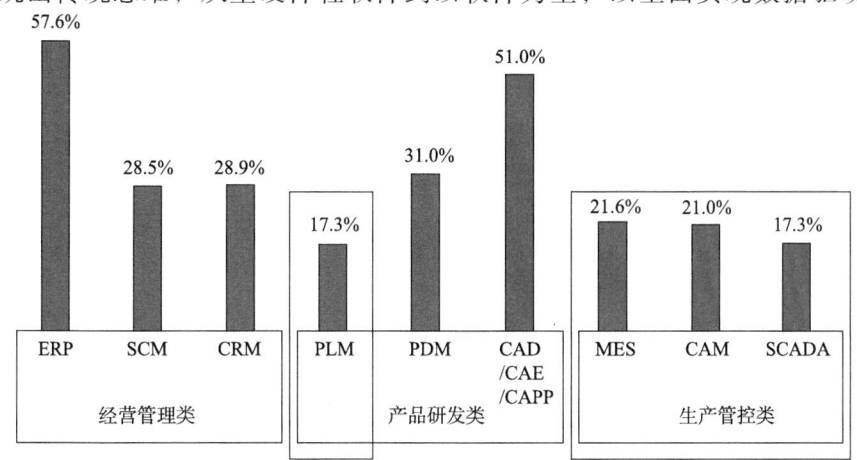

图 5　2018 年我国主要工业软件普及率

SCM,supply chain management,供应链管理;CRM,customer relationship management,客户关系管理;PLM,product lifecycle management,生命周期管理;PDM,product data management,产品数据管理;CAD/CAE/CAPP,computer aided design/computer aided engineering/computer aided process planning,计算机辅助设计/计算机辅助工程/计算机辅助工艺过程设计;MES,manufacturing execution system,制造执行系统;CAM,computer aided manufacturing,计算机辅助制造;SCADA,supervisory control and data acquisition,数据采集与监视控制系统

第四,数据科学与生产机理的融合亟待突破、融合倍增效应尚未有效发挥。当前,企业基于数据开展决策支持尚不深入,2018 年全国已有 71.6%的企业在至少一项主要单项业务领域能够自动开展决策优化,但从企业各个主要单项业务领域看,基于数据开展决策优化的占比并不均衡。从图 6 可以看出,企业在生产过程优化、生产计划与排程、产品设计与开发、销售预测与需求管理等方面的大数据应用覆盖比例不高,各项应用均低于 35%。未来,数据科学会重新定义传统的生产机理,企业应提高大数据应用比例,进一步提升数据与生产融合的深度和广度,才能构建数字世界,走进数字孪生时代。

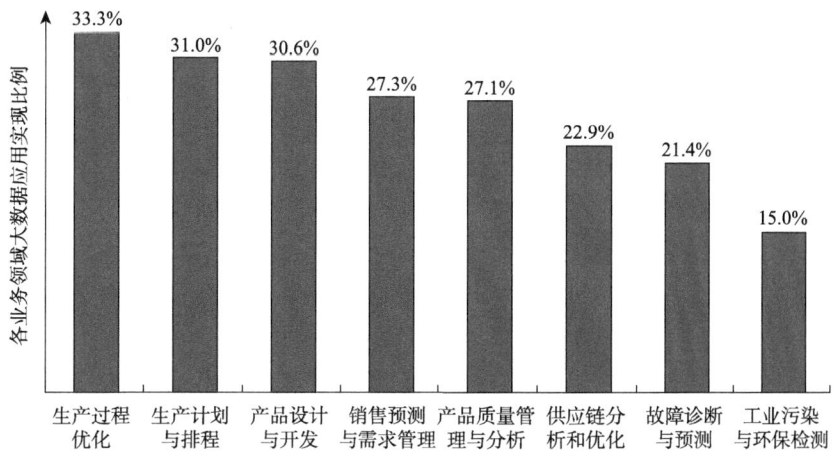

图 6　2018 年工业企业大数据应用于主要领域的情况

3 数字化转型的主要任务

价值体系重构是数字化转型的根本任务，应围绕价值体系重构的五个方面——发展战略、新型能力、解决方案、组织管理、业务转型等，明确主要任务，并构建各任务之间系统化、体系化的关联关系，务实有效地推进数字化转型进程。

3.1 发展战略：重构价值主张

当前，我国许多企业将数字化转型战略作为发展战略的重要组成部分，将数据驱动的理念、方法和机制根植于发展战略全局，根据数字化转型的新形势、新趋势和新要求，重构价值主张。条件成熟的企业，数字化转型战略和发展战略可合二为一，融合一体。在推进发展战略的进程中，企业应关注三个方面的新要求。

第一，逐步从过去的仅关注竞争转向构建多重竞合关系，将竞争合作层次从单一技术产品的竞争合作升维到智能技术产品群的竞争合作，从资源要素的竞争合作升维到新型能力体系的竞争合作，从企业之间的竞争合作升维到供应链、产业链和生态圈之间的竞争合作。

第二，打破传统的基于技术专业化职能分工形成的垂直业务体系，以用户个性化需求为牵引构建基于能力赋能的新型业务架构，根据竞争合作优势和业务架构设计端到端业务场景。

第三，改变传统工业化时期基于技术创新的长周期性获得稳定预期市场收益的价值模式，构建基于资源共享和能力赋能实现业务快速迭代和协同发展的开放价值生态。

3.2 新型能力：重构价值创造和传递

根据价值主张新要求，要建设重构价值创造体系和传递体系的新型能力。开展数字化转型，新型能力建设是贯穿始终的核心路径，通过识别和策划新型能力体系，持续建设、运行和优化新型能力，支持业务按需调用能力，以快速响应市场需求变化，从而加速推进业务转型变革，获取可持续竞争合作优势。新型能力建设应从以下六个视角出发：第一，产品创新能力，与价值创造的载体有关，主要包括产品数字化创新能力、数字化研发设计能力等；第二，运营管控能力，与价值创造的经营活动有关，主要包括智能生产与现场作业能力、一体化经营管理能力等；第三，用户服务能力，与价值创造的对象有关，主要包括需求定义能力、快速响应能力、增值服务能力等；第四，生态合作能力，与价值创造的合作伙伴有关，主要包括供应链协同能力、生态共建能力等；第五，员工赋能能力，与价值创造的主体有关，主要包括人才开发能力、知识赋能能力等；第六，数据开发能力，与价值创造的驱动要素有关，主要包括数据管理能力、数字业务能力等。

3.3 解决方案：重构价值支持

构建创新价值支持的技术实现体系，形成支持新型能力打造、推动业务转型的系统性解决方案。策划实施涵盖数据、技术、流程、组织的系统性解决方案。在此基础上，通过数据、技术、流程和组织四个核心要素的互动创新和持续优化，推动新型能力和业务转型的持续运行和不断改进。

第一，数据方面，包括数据采集、数据集成共享和数据应用三个方面。数据采集是指设备设施、业务活动、供应链/产业链、全生命周期全过程乃至产业生态相关数据的自动采集或在线按需采集等；数据集成共享是指多源异构数据在线交换和集成共享等；数据应用是指场景级、领域级、平台级、生态级的数据建模以及基于模型的决策支持与优化等。

第二，技术方面，包括设备设施、IT软硬件、网络和平台。设备设施是指生产或服务设备设施数字化、网络化、智能化改造升级等；IT软硬件是指IT软硬件资源、系统集成架构以及IT软硬件的组件化、可配置和社会化开发利用等；网络是指IT网络、OT（operational technology，运营技术）网络和互联网及其互联互通互操作等；平台是指基础资源和能力的模块化、数字化、平台化、社会化能力共享平台建设等。

第三，流程方面，包括业务流程设计和业务流程管控。业务流程设计是指跨部门/跨层级流程、核心业务端到端流程以及产业生态合作伙伴间端到端流程等的优化设计；业务流程管控是指应用数字化手段开展业务流程的运行状态跟踪、过程管控和动态优化等。

第四，组织方面，包括职能职责调整和人员优化配置。职能职责调整是指根据业务流程优化要求建立业务流程职责，匹配调整有关的合作伙伴关系、组织结构、部门职责、岗位职责等；人员优化配置是指按照调整后的职能职责和岗位胜任要求，开展员工岗位胜任力分析，以及人员按需到岗等。

3.4 组织管理：重构价值保障

开展数字化转型，打造新型能力，推进业务转型，除了策划实施系统性解决方案以提供技术实现支持，还应建立相匹配的组织管理体系并推进组织管理持续变革以提供组织管理保障。应从组织文化、管理方式、组织结构和数字化治理四个方面构建变革价值保障的组织机制和管理模式，建立支持新型能力打造、推动业务转型的组织管理体系。

第一，在组织文化方面，建立与新型能力建设、运行和优化相匹配的组织文化，把数字化转型战略愿景转变为企业全员主动创新的行为准则。

第二，在管理方式方面，建立与新型能力建设、运行和优化相匹配的企业管理方式和工作模式，推动员工自组织、自学习、主动完成创造性工作，支持员工自我价值实现，与企业共同成长。

第三，在组织结构方面，建立与新型能力建设、运行和优化相匹配的企业职责和职权架构，提高针对用户个性化需求的响应速度和柔性服务能力。

第四，在数字化治理方面，建立与新型能力建设、运行和优化相匹配的数字化治理体系，应用架构方法，推动人、财、物，以及数据、技术、流程、组织等资源、要素和活动的统筹协同。提高协同创新和持续改进能力，强化安全可控技术应用以及安全可控、信息安全等管理机制的建设与持续改进。

3.5 业务转型：重构价值获取

业务转型是根据价值主张新要求，基于打造的新型能力体系、形成的系统性解决方案和构建的组织管理体系，形成支持最终价值获取的业务新模式和新业态。应充分发挥新型能力体系的赋能作用，加速业务体系和业务模式创新，推进传统业务转型升级，培育发展数字新业务，通过业务全面服务化，构建开放合作的价值模式，快速响应、满足和引领市场需求，最大化获得价值效益。业务转型包括四个方面，一是业务本身的数字化，即产品智能化、研发智能化、生产智能化、服务智能化、管理智能化等。二是业务集成融合，如经营管理与生产/作业现场管控集成供应链/产业链集成以及产品生命周期集成等。三是业务模式创新，包括网络化协同、服务化延伸以及个性化定制等。四是数字业务，包括数据资源服务、数据知识服务及数字能力服务等。

数字化转型基本可分为五个发展阶段：规范级、场景级、领域级、平台级和生态级。规范级的数据要素典型特征为尚未有效应用数字技术获取、开发和利用数据，尚未应用数字技术有效支持生产经营管理活动的柔性化开展。场景级主要是关键业务部门或者业务环节的数字化，这一阶段的数据要素典型特征为主要应用数字技术实现关键业务（部门）数据的获取、开发和利用，发挥数据作为信息媒介的作用，解决场景级信息透明问题，提升关键业务的资源配置效率。领域级主要是跨业务、跨部门、跨环节的企业级知识驱动，这一阶段的数据要素典型特征主要基于业务流程数据的获取、开发和利用，发挥数据作为信息媒介的作用，解决跨部门、跨业务环节的企业级信息透明问题，提升全企业业务的集成融合水平和资源配置效率。发展到平台级的企业就是数字企业，对企业内部以及一部分外部网络化资源全局配置的能力较强，拥有建立支持企业全局优化的平台级能力，能动态地推动变革和创新。这一阶段的数据要素典型特征为基于全企业数据的获取、开发和利用，发挥数据作为信息媒介和价值媒介的作用，解决全企业信息透明问题，并基于数据实现价值网络化在线交换，提升企业价值网络化创造能力和全企业资源综合利用水平。生态级，支持价值开放共创和生态能力共享，这一阶段的数据要素典型特征为基于生态圈数据的智能获取、开发和利用，发挥数据作为信息媒介、价值媒介和创新媒介的作用，解决生态圈信息透明问题，基于数据实现价值智能化在线交换，提升生态圈价值智能化共创能力和资源综合利用水平。

4 数字化转型的关键问题及应对策略

4.1 如何系统有效推进数字化转型各项任务

数字化转型是复杂的系统工程，转型难度大，要把握全局，从总体层面出发，不仅要构建系统化的方法论，还要找准战略方向，才能使数字化转型的复杂系统工程更有效落地。

一方面，应构建基于两化融合管理体系的数字化转型实施方法论。两化融合管理体系能够解决三个问题：①实现战略闭环管控，提出战略循环可行路径。②基于战略闭环管控提出要素循环系统解决方案，即数据驱动、技术、业务流程和组织结构的机制。③提出闭环管理机制，使战略管控、解决方案管控和管理机制变革管控融为一体，并持续迭代。两化融合管理体系是我国自主研制、大范围应用，正向国际输出的管理体系标准，其能够引导数字化转型企业有效识别和打造新型能力，帮助企业打通"任督二脉"，引导企业以数据为驱动要素探索转型模式，推动企业建立适应数字时代规律的治理体系。两化融合管理体系综合成效是引导企业树立新理念、掌握新方法、形成新机制、稳定获取创新成效。目前，两化融合管理体系得到大范围推广，从国内应用推广来看，全国两化融合管理体系的贯标企业达5万家，培育了2 000家咨询机构，涌现出南京慧德、徐工信息等本土优秀服务商，培训数达百万人次，通过两化融合管理体系评定企业20 000家。从国际推广情况来看，两化融合管理体系中已有两个标准正式成为国际标准。另一方面，要基于价值效益来管控转型过程，以价值效益为导向，新型能力建设为主线，更加稳定、可靠、务实、有效地推进数字化转型。

4.2 如何有效获取数字化转型的价值效益

为更好地获得价值效益，应根据价值效益分解任务、工作和要求，动态地管控工作，以能力建设为主线实现价值分解、传递、创造和获取。

第一，价值效益有哪些？按照业务转型方向和价值空间大小，可从生产运营优化、产品/服务创新和业态转变等视角界定数字化转型可实现的价值效益。第一层级是生产运营的优化。该类价值效益相应的业务体系本身一般不会有本质性的转变，价值创造和传递活动主要集中在企业内部价值链，价值获取主要来源于传统产品规模化生产与交易，价值效益主要体现为提质、降本、增效。但是在数字化转型时代，仅提质、降本、增效还远远不够，尤其是人类物质经济进入全面产能过剩、存量竞争的时代，这种传统业态市场空间会缩小，企业就难有发展可言。第二层级是产品和服务的创新，该类价值效益相应的业务体系仍然保持总体不发生太大变化，价值创造和传递活动沿着产品/服务链延长价值生命周期和增值链，开辟业务增量发展空间，价值获取主要来源于已有技术/产品体系的增量价值，价值效益主要体现为新技术/新产品、服务延伸与增值、主营业务增长等方面。例如，汽车生产商可以发展智慧网联汽车、车载智能产品等业务，提供全生命周期的服务或者全场景服务。第三层级是业态转变，该类价值效益相应的业务体系通常会发生颠覆式创新，数字业务占比逐步提升，形成符合数字经济规律的新型业务体系，价值创造和传递活动由线性关联的价值链转变为价值网络和价值生态，价值获取主要来源于与生态合作伙伴共建的业务生态，价值效益主要体现为用户/生态合作伙伴连接与赋能、数字新业务和绿色可持续发展等方面。

第二，价值效益怎么创造和传递？首先应依据发展战略中确定的可持续竞争合作优势、业务场景和价值模式，参考价值效益分类模型，明确企业价值体系重构的总体需求。根据价值体系重构需求，识别和策划新型能力总体需求，并从组织主体、价值活动客体、信息物理空间出发，对新型能力建设的需求进行逐级分解，确定价值效益逐级分解的需求。依据和细分能力建设相应价值效益需求提出能力单元建设要求。价值效益需求是能力单元的主要输入，企业根据价值效益需求建设和完善能力单元，打造和运用能力，而相应的价值效益成效则是能力单元的主要输出。基于能力单元构建的价值效益传递关系，即价值流，每个能力单元对应的一个价值流，围绕达成特定价值效益，基于价值流构建的相关能力单元组合，即能力模块，通过建设完善能力模块，推动相关新型能力的协同打造和运用，可实现相应价值点的叠加效应、聚合效应和倍增效应，以此类推，构建基于能力单元的企业价值创造和传递体系。

第三，价值效益怎么获取？基于能力协同提出能力节点、能力流、能力网络和能力生态四种模式来实现价值效益的获取：①基于能力节点的价值点复用模式，推动能力节点的模块化、数字化、平台化，以能力赋能业务轻量化、柔性化和社会化发展，提高能力节点对应价值点的重复获取，实现价值的增值。②基于能力流的价值链整合模式，推动能力节点之间沿着业务链、供应链、价值链等构建基于价值流的能力流，以能力流赋能相关业务实现流程化动态集成、协同和优化，实现供应链、价值链各相关价值环节的价值动态整合和整体效益提升。③基于能力网络的价值网络多样化创新模式，推动能力节点之间构建、运行和自适应优化基于价值流的能力网络，实现能力节点之间的智能协同，以能力网络赋能网络化业务模式的创新和发展，大幅提升业务网络化、多样化创新发展的能力和水平，实现基于价值网络的价值多样化获取和创新价值创造。④基于能力生态的价值生态开放共创模式，推动能力节点之间构建、运行和自学习优化基于价值流的能力生态，实现生态合作伙伴能力节点之间的在线认知协同，以能力生态赋能开放式、体系化、生态化业务模式共建和共创，提升业务智能化、集群化、生态化发展能力和水平，培育壮大数字业务等新业态，与合作伙伴共创、共享生态化价值。

4.3 如何建设数字经济时代的新型能力体系

一直以来，能力都是生存和发展的核心，在数字化转型时代，如何更好地获得能力，并建立数字经济时代的能力体系，是亟待解决的问题。

建设数字经济时代的新型能力体系，首先要做到新型能力的识别。笔者从价值创造的载体、过程、对象、合作伙伴、主体、驱动要素等方面提出六维参考模型，又细分为 13 个子类，为企业能力识别提供参考。这 13 个子类分别为：产品数字化创新能力，即能够快速调整产品创新策略，开发能够与用户交互、实现自我决策优化的智能产品，提升基于智能产品实现服务创新等能力；数字化研发设计能力，即基于数字孪生等进行产品全生命周期协同仿真与智能辅助研发设计，提升并行、协同、自优化研发设计等能力；智能生产与现场作业能力，即面向生产全过程、作业现场全场景开展集成互联和精准管控，提升全面感知、实时分析、动态调整和自适应优化等能力；一体化经营管理能力，即推动经营管理各项活动开展数据贯通和集成运作，提升数据驱动的一体化柔性运营管理和智能辅助决策等能力；需求定义能力，即基于用户画像开展个性化、场景化的用户需求分析与优化，提升精准定位、引导乃至定义用户需求等能力；快速响应能力，即以用户为中心构建端到端的响应网络，提升快速、动态、精准响应和满足用户需求等能力；增值服务能力，即基于售前、售中、售后数据共享和业务集成、创新增值服务场景，提升延伸服务、跨界服务及超预期增值服务等能力；供应链协同能力，即与供应链上下游合作伙伴实现在线数据、能力和业务协同，提升整个供应链精准协作和动态调整优化等能力；生态共建能力，即与生态合作伙伴实现在线数据、能力和业务认知协同，提升整个生态圈资源和能力的按需共享、在线智能交易和自学习优化等能力；人才开发能力，即以价值创造结果为导向开展人才精准培养、使用和考核，提升人才价值全面可量化、可优化等能力；知识赋能能力，即基于平台为员工提供知识共享和个性化知识服务，帮助员工快速胜任需求，培养员工差异化技能，提升全员创新等能力；数据管理能力，即开展跨部门、跨企业、跨产业数据全生命周期管理，提升数据集成管理、协同利用和价值挖掘等能力；数字业务能力，即基于数据资产化运营，提供数字资源、数字知识和数字能力服务，提升培育发展数字新业务等能力。

从过程维、要素维、管理维系统地推进能力单元的建设、运行和持续优化。能力的建设也是相对应的，可将能力分为规范级、场景级、领域级、平台级和生态级，有效对应数字化转型的五个阶段。场景级能力建立之后，通过流程化组织、平台化组织、生态化组织可进化成为更高级能力。

4.4 如何广泛汇聚起推进数字化转型社会合力

数字化转型在未来必然还会遇到很多问题，仅仅靠一家公司、一个企业或者一个团队是无法解决问题的，未来应以联盟为纽带，打造数字化转型工作新生态。目前，较为缺乏真正从理论、方法、工具到整体全程服务的中介机构或第三方智库，来帮助企业提升共性能力和认知水平。笔者所在的中关村信息技术和实体经济融合发展联盟（中信联）正在践行联盟开放合作、各得其所的宗旨，围绕企业转型、行业转型、区域经济转型，以联盟为支撑纽带，系统协调各方资源、构建完善的市场生态，服务好政府，支撑政府制定创新支持政策体系、系统引导转型、完善市场环境，联合解决方案供应商提供集成、融合和创新解决方案，实现一体化、平台化发展，助力服务机构提高专业服务能力，提升用户服务价值。此外，还要与研究机构合作，加速创新知识的创造、传播和复用，推动产业与科研融合；与技术提供商合作，开展技术的集成创新，推动产业与科技的融合；与培训机构和高校合作推动产教融合，加强专业人才培养；与金融机构合作，创新投融资和授信机制，推动产融融合。

在此基础上，沿着上文所述数字化转型五大任务构建完善新一代信息技术和实体经济融合标准体系，围绕发展战略、新型能力建设、系统性解决方案、组织管理和业务模式研究相应的理论、方法、工具，根据行业和阶段的需求形成涵盖参考模型、实施指南等的标准体系。进一步，构建集宣贯动员、诊断对标、总体设计、试点示范、规模推广、价值传播六位一体的工作推进体系。第一步，先做宣贯动员，提升全民数字思维和数字素养。第二步，做诊断对标，摸清现状、找准问题并确定方向和路线图。第三步，总体设计，确定战略蓝图，明确数字场景清单和数字能力图谱，形成系统性的推进机制和体系。第四步，试点示范，基于统一的架构方法体系，形成试点培育和示范引领的工作体系，支持企业差异化、个性化发展。第五步，规模推广，构建可复制可推广的管理体系，形成转型标准体系和贯标机制，加强数字人才体系建设和发展。第六步，价值传播，加强转型成果和经验模式的提炼，推动网络化、社会化的多维立体传播，获取广泛的社会认同和认可。

从自动化到智能化：技术与理论发展的逻辑

郭朝晖

（上海优也信息科技有限公司，上海 201600）

摘　要：本文从控制论产生背景出发，分析了从自动化到智能化的发展过程。通过分析数字技术的应用历史、背后需求到发展驱动力，探讨了数字技术在制造业的生产和管理控制中的应用，以及该技术的应用为企业以及上下游供应链所带来的优势。最后，展望了数字技术在制造业尤其是在知识管理领域应用的发展前景。

关键词：自动化；智能化；数字创新；知识管理

From Automation to Intelligentization: the logic of Technological and Theoretical Development

Guo Chaohui

(Shanghai Yo-i Information Technology Co., Ltd, Shanghai 201600, China)

Abstract: Based on the background of cybernetics, this paper analyzes the development process from automation to intelligence. By analyzing the application history, demand and development driving force of digital technology, it discusses the application of digital technology in manufacturing production and management control, and the advantages brought by the application of digital technology for enterprises and upstream and downstream supply chains. Finally, it prospects the development prospect of digital technology application in manufacturing industry, especially in the field of knowledge management.

Keywords: automation; intelligent; digital innovation; knowledge management

---

作者简介：郭朝晖（1968—），山东济南人，上海优也信息科技有限公司首席科学家、博士、教授级高工，研究方向为自动化、智能化、数据建模等。

1 控制论产生的背景

一直以来，人类祖先就渴望使用机器代替人的劳动，然而这个梦想直到1776年英国发明家瓦特发明了蒸汽机才逐步得以实现。尽管蒸汽机能够为人类劳动提供动力，但在彼时机器尚无法自动运行，仍需要依赖人工操作。之后，一些自动化机器开始登上历史舞台，如鲁迅在《二心集·关于翻译的通信》中曾讲述"那时社会上大抵以为西洋人只会做机器——尤其是自鸣钟"，其中提到的自鸣钟便是一类自动化机器，能够按照预定的逻辑运行，再如1982年德国就出现的自动绣花机等。

控制论之父诺伯特·维纳（Norbert Wiener，1894—1964）思考了人类（动物）与机器的区别。简而言之，全自动机器其实是按照一定逻辑顺序往前执行的，而人类（动物）则与之不同，它会根据外部环境变化来决定自己的应对方式。例如，一头鹿在吃草，如果周围突然有只狼出现，鹿的应对方式大概为，看到狼后就会停止吃草，马上逃命。人类（动物）与自动化机器的区别就是能够适时灵活地调整当前的工作状态，并不是按照内设程序执行，这个区别是诺伯特·维纳的伟大发现。

诺伯特·维纳的《控制论》（Cybernetics）是标志控制论产生的经典著作，其中讲述了两个基本概念，即"前馈"和"反馈"，二者的本质都是通过感知信息影响决策并带动执行。如果感知、决策和执行全部由机器完成，不需要人参与的话，那么就实现了自动化。控制论产生于20世纪40年代，但是比该理论早出现一两百年的蒸汽机却是控制论的经典案例，最初蒸汽机利用蒸汽流量来控制速度，由于蒸汽流量忽大忽小，因此蒸汽机的速度就不稳定。针对该问题，瓦特设计了一套控制装置，这套控制装置利用两个机械球体来感知蒸汽机速度，再利用连杆、阀门机械装置控制蒸汽流量，从而使蒸汽机的速度保持基本恒定。

为什么应用先于理论出现？控制论要求感知与决策执行的统一，蒸汽机的感知角色统一，全部通过机械手段实现。但事实上，还有很多信息是无法通过机械手段来获得的，并且计算起来也很麻烦。直到弱电技术的产生，这种问题才发生本质性的改变。信号、压力、温度、流量和光照等信息可以通过传感器转变为电信号，电信号可以通过电路来模拟决策过程，然后弱电就变成了强电并驱动物理世界的执行。可以说，控制论的产生背景就是弱电技术的应用。控制论产生时一些技术具有局限性，在当时控制器只能使用电感、电容、电阻等电器元件来组装，这样的控制器也可以用控制论的传递函数和状态方程来描述。理论适合当时的技术条件，但技术条件却限制了理论的应用。电感、电容等只能描述线性常微分方程组，但世界是复杂的，很多非线性对象无法用常微分方程来描述。

数学是世界描述宇宙的符号，人类发现所有客观规律都可以用数学模型来描述。在计算机时代，人们不仅可以用数学方法描述所有抽象的数学公式和定理，还可以用模型描述具体的对象。可以说,计算机的产生是控制论真正往前发展的重要推动力。20年前,笔者刚到宝钢集团工作时,生产现场已有很多数学模型在应用了。但在当时有许多数学模型用得并不好,这是因为当时的计算机性能相对较低,导致了数学模型的过度简化。近些年,借助计算机技术的快速发展,控制论所依据的条件发生了巨大的、本质性的改变,可以用在人类社会的方方面面。CPS(cyber-physical system,网络-实体系统)的理论就在这个背景下产生了。

2 从机器到工厂:管理与控制的分离

控制论的基本思想不仅适应于单台设备,也适应于工厂级别。工厂需要多个人、多台机器、多个工序的协同协作才能顺利工作。企业需要协同的不仅限于生产线,在研发部门与生产部门之间、企业与用户之间,都存在协同问题。如果产品设计不合理,就会给生产部门带来很多麻烦。有时不仅使用户不满意,还会使企业付出很高的附加成本。在协同中涉及一项理论水平不高但非常重要的概念——逻辑控制,逻辑控制器(programmable logic controller,PLC)就是指许多设备之间的协同,在工业应用中起到非常重要的作用,德国人认为PLC是工业3.0诞生的标志。但是PLC一般用于设备级的协同。

用系统论的观点,设备是典型的系统,而工厂和车间则是"系统之系统"。从设备级到工厂级,是"系统"到"系统之系统"的变化。传统控制论针对的是特定系统,这种系统的状态或参数会发生变化,但系统本身一般不会发生结构性变化。设备或者生产系统出现异常时,生产设备和生产流程可能会改变,这本质上是系统本身的结构发生了变化。这是用经典控制论的算法所无法解决的,往往要靠人参与控制。这些问题一般也称为管理问题。

计算机在现代工业中应用广泛,可以辅助人类管理。计算机在工厂里的应用就被划分为多层级,在离散型制造业一般分成三级,即基础自动化、车间级管理系统和工厂级ERP。在钢铁制造行业一般被分成四级,即阀门级、设备级、车间级和工厂级。受当时的技术条件的限制,计算机系统在工厂的应用中管理和控制是分开而论的。阀门级、设备级计算机属于自动化系统,负责控制,其特点是响应速度快、机器自动控制比例高,但管理范围小;车间级和工厂级计算机为信息化系统,负责管理,其特点是管理范围大,但响应速度慢,往往由人来处理问题。这有多方面的原因,一是本质上是系统本身结构发生了变化;二是传统工厂往往通过电话或感觉器官获取决策信息,计算机和人接收的信息往往不对称;三是计算机性能不理想,接收到的信息不规范、不准确,有些信息不容易计算;四是自动化程度不高,有些工作需要人处理,有些设备需要人来操作。

以上这些问题在智能化时代都将得到解决,因为随着计算机和网络技术的高速发展,计算机系统在工厂中应用的发展趋势是管理与控制逐渐走向融合。

3 智能化时代：管理与控制的融合

现代控制理论重要的两个概念是可观和可控。互联网传递信息并发布指令，增加了知和行的能力、可观和可控的能力，这就极大地扩大了空间管控范围。近年来数字化技术的不断提高，尤其是大数据技术的应用使得决策变得更加容易，当感知、决策、执行在同一个大空间中形成时，就来到了智能化时代。

从企业角度来讲，企业管理者对理论并不感兴趣，他们真正感兴趣的是理论如何创造价值。创新理论之父熊·彼得认为：发明不是创新，只有将发明用于经济活动并且取得成功才叫创新。企业盈利的本质就是满足市场需求，尤其是快速响应市场的需求。例如，汽车、手机、时尚用品等行业要求产品研发周期短，同类产品，在价格、性能相同的情况下，产品上市越快越能为企业创造效益。在如此激烈的竞争下，企业不得不满足小批量市场需求。利用信息通信技术和智能制造能够帮助企业快速应对内部和外部的变化。在外部，企业除了要快速响应用户市场的需求外，还要对供应链变化进行快速响应；在内部，企业则需要响应包括设备、人员等方面带来的变化。企业要达到高质量、低成本、高效率的目标，就必须具备高度灵活性，这并不是高度自动化所能满足的，智能制造才是企业快速响应变化的重要抓手。

数字化技术能够帮助企业快速响应市场需求，在此笔者将数字化的作用分为协同、共享和知识复用三类。

作用一：协同。企业内部和外部的许多环节都需要协同，包括设计过程本身、设计与生产环节、销售和生产采购、生产过程本身、企业内部与外部资源等。例如，在设计环节的数字化协同，如果设计人员运用数字化技术，采用统一数据源、统一软件、统一版本，就会大大降低协同过程中的故障率。再如，在过程设计与生产环节的数字化协同，设计样品先上数字模拟生产线，发现问题及时修改设计，之后对接正式生产线，如此协同设计与生产环节，不仅大大提高了生产效率，还降低了次品率。值得一提的是，企业内部与企业外部的协同，使得工业互联网跨企业之间的协同越来越频繁，保证上下游企业之间及时的信息互通。

作用二：共享。共享包括人才共享、设备资源共享、备品备件共享等。例如，人才共享，规模较小的企业引进自动化设备的同时，还需要配备专门的维护人员，由于自动化设备故障率并不高，因此势必会造成人力资源的浪费。如果有更好的商业模式，如有些服务类公司能为企业提供专门的设备维护工作，一家公司可同时服务于多家企业，在保证专业化的基础上，还能避免人才浪费，用低成本获取更多资源，这也是共享的价值之一。

作用三：知识复用。企业要想快速响应市场需求，就要面临小批量产品质量无法保证、研发周期太长等问题。针对以上问题，企业可以采用模块复用的办法。虽然是个性化定制，但是模块是成熟的，需要时重复取用即可，这种复用的模块就是知识复用。知识复用不仅能发生在企业内部，还可以发生在企业与企业之间。数字化时代的知识复用在大幅降低成本的同时，还能提高技术产品的经济效益。

笔者以上提到的协同、共享、复用是基于数字化、网络化的应用。由于协同、共享和复用也会涉及各方利益问题，因此需要企业管理者的积极推动，而非技术人员的推动。因为自动化与技术相关，而智能化往往与商业模式、管理方式和流程相关，所以基层技术人员很难推动智能化，这是智能化与自动化的一大区别。

流水线的定制化生产是工业4.0的标准模式，不同于传统的批量流水线生产，企业需要对定制化产品的生产过程进行自动化控制，如使用射频识别（radio frequency identification，RFID）技术、图像识别技术等在线监测产品质量。让自动化设备代替传统人工来跟踪生产对象、控制生产节奏、实施管控物料和设备的动态等。可见，工业企业的业务对信息和自动化技术的需求愈来愈强烈，企业正在或者即将面临数字化转型。对于工业企业来说，数字化转型首先是让计算机拥有人类决策所需要的信息；其次是把人类决策的知识嵌入软件。在此基础上，让计算机指挥得动的配套设备工作。工业4.0的纵向集成形成一个完整的任务流规划、信息流规划、资金流规划及物流规划，让生产过程实现互联网模式，本质上就是管理与控制的融合。

管理在企业发展中的重要性不言而喻，能够极大地影响企业的质量、效益和成本，并决定着企业的经营状况。但是一些中国企业管理者仍然认为企业经营不善是因为自身技术水平低。笔者认为这其实是误区，事实上很多中国企业的设备比国外企业先进得多，却达不到国外企业的效果，这关键的差距就在于管理。我们一般说管理定义技术的边界，好的管理能够充分发挥技术的优势，管理不良才有技术问题，规范管理就不存在技术问题。

曾经有人做过调查，一家企业因管理不善所带来的损失占到总成本的20%~30%，管理中的问题远远多于单从某一项技术提升所带来的问题。但是许多企业管理者却往往意识不到管理的问题，如有些生产企业白天与晚上生产的产品质量有差异，这就是因为白天生产时有企业管理者在现场监督，能够看见问题、发现问题并解决问题，产品质量问题较少，但晚班时企业管理者如果不在现场，就会不可避免地出现一些问题，长此以往，极大地影响晚班产品质量。因为管理不善容易出现一些看不见或者容易忽视的问题，如制约研发和服务效率的关键是什么？质量、作业率、能耗极限如何达到最佳？交货周期的极限是多少？管理和技术人员的时间如何管理？等等。

在数字化时代，以上问题借助数字化技术能很好地得以解决，数字化技术能够为企业管理者赋能，帮助他们以有限的精力实现更好的管理，让管理得以升级并产生价值。企业实现数字化转型的步骤大致有四步，第一，"看得见"，用数据信息让管理者实时"看得见"问题。第二，"可追溯"，如用户发现问题后可及时线上反馈，企业通过追溯查出问题根源并持续改进，使得产品质量不断提升。第三，"透明化"，企业生产过程中涉及生产温度、压力、流量等海量数据，企业管理者没有足够的精力从海量数据中提取有效信息，而借助数字化技术可以将这些数据信息转变为企业管理者关心的问题，将企业管理者从海量数据中拯救出来。第四，"智能化"，即能够自动解决的问题，就让计算机解决。但是数字化的推进不必拘泥于概念，如笔者提到的"看得见"，对于不同的人群，有不同的意义，一线人员看得见，他们知道如何做更好；管理者看得见，能够解决授权和受控的矛盾；众人看得见，就实现了协同。总之，从管理的角度进行数字化转型是企业未来发展的最佳选择，这样能够为企业创造更多价值。

4 智能化基础：知识与平台

智能化是多维度的，主要是信息通信技术的广泛、深度应用，工业的智能化就是将人类知识数字化和模型化，将之变成计算机能够执行的代码。新一代人工智能主要用于图像和模式识别，特别是质量检验环节，随着质量要求越来越高，人工智能应用的比例也会逐渐增加。新一代人工智能能够提炼出人类模糊的感性认识，并将之变成感性知识，让计算机加以掌握。未来，真正走向智能的重要基础就是做好知识管理。

现代化工业企业的运行离不开规范和标准，这也是企业重要的知识，所有的成熟的、可执行的知识都会变成标准。例如，钢铁行业四大标准：产品标准、技术标准、作业标准和手顺书。这类知识可以用数据结构来表达，以保证生产过程的稳定，最终以达到用户需求为目的。企业都希望生产能够按照标准稳定进行，但现实中存在很多变数，只能"以变应变"，这就引出另一类知识，这种知识不能用数据结构表达，要用软件描述。数据结构是由数据化模型产生的，尤其是新产品的研发、服务和优化更离不开数字化模型，能够帮助企业加快生产速度，有效降低成本。过去，这些标准都被人记入脑海中，然后人按照标准再去执行，现在要将这些知识软件化，通过工业 APP 去决策。

关于智能化的推进，工业 4.0 提出个性化定制的需求，但企业的发展路径不同，有些需要个性化定制，有些则不需要。日本人提出了 IVRE 结构，包括资源、管理和行动三个要素。简单地说，要管理资源，行动者要先做计划再执行，然后根据执行结果进行检查，再修改下一轮计划，再进一步执行，如此循环，持续改进。日本通过管理的持续改进来实现智能化，德国和美国强调的则是重构。过去，我们也强调持续改进，但是持续改进也有弊端，一方面是增加成本，有可能因此而阻止程序持续改进的进程。另一方面是产生碎片化知识，这些知识只在小范围内有用。例如，知道特定生产标准所对应的钢材型号，但不知道超标的后果。对此，智能化推进一定要结合计算机，现在出现的工业互联网平台就是持续改进的良好载体，让过程简单、工作量小、风险小、速度快，本质是 IT 成本的降低、灵活性的提升，适合精益化的推进，同时还能解决知识碎片化的问题。

数字化为人类带来了两个层面变化，一是技术创新，二是企业组织结构和商业模式的变化。笔者将之具体到三个方面，第一，智能化会产生许多新技术手段，如大数据等；第二，智能化会促进企业内部的协同共享；第三，智能化促进企业之间的关系再造。企业应关注如何使用数字化技术、网络化方法来提升管理，实现管控一体化，为企业创造价值。智能化的伟大之处就在于把人不愿意干的工作交给计算机去做，其具有非凡的经济性意义，将会给人类创造巨大价值。

数字创新如何驱动创新生态系统的构建与重构？——来自蔚来和比亚迪的创新实践*

武建龙，董 阔，杨仲基

(哈尔滨理工大学经济与管理学院，哈尔滨 150080)

摘 要：本文采用案例研究法，从创新生态系统的子系统层级结构出发，对蔚来新能源汽车创新生态系统的构建过程和比亚迪新能源汽车创新生态系统的重构过程进行了探索性研究。研究发现，数字创新可通过促进研发子系统、生产子系统、应用子系统的形成并建立系统间协同关系从而驱动创新生态系统构建；数字创新可通过促进研发子系统、生产子系统、应用子系统的转型升级从而驱动创新生态系统重构。本文体现了数字经济时代创新生态系统构建与重构的特点，深化了数字创新的驱动作用，丰富了数字化背景下对创新生态系统的解读，对创新生态系统的建设和转型升级具有指导作用。

关键词：数字创新；创新生态系统；新能源汽车；案例研究

How Does Digital Innovation Drive the Construction and Reconstruction of Innovation Ecosystem?—Innovation Practice from NIO and BYD

Wu Jianlong, Dong Kuo, Yang Zhongji

(School of Economics and Management Harbin University of Science and Technology, Harbin 150080, China)

Abstract: Using the case study method, starting from the subsystem hierarchy of innovation ecosystem, this paper makes an exploratory research on the construction process of NIO new energy

---

* 基金项目：国家自然科学基金项目(72074061，71503061)；黑龙江省哲学社会科学项目(19JYB024)；黑龙江省自然科学基金项目(LH2020G007)；中国博士后科学基金资助项目(2021M693816)。
作者简介：武建龙(1981—)，男，黑龙江省哈尔滨人，教授、博士生导师，研究方向为高新技术发展与战略管理；董阔(1996—)，男，黑龙江省哈尔滨人，博士研究生，研究方向为数字创新；杨仲基(1989—)，男，黑龙江省哈尔滨人，讲师、硕士生导师，研究方向为高新技术发展与战略管理。

vehicle innovation ecosystem and the reconstruction process of BYD new energy vehicle innovation ecosystem. The results show that digital innovation can drive the construction of innovation ecosystem by promoting the formation of R&D subsystem, production subsystem, application subsystem and establishing the collaborative relationship between them; Digital innovation can drive the reconstruction of innovation ecosystem by promoting the transformation and upgrading of R&D subsystem, production subsystem, application subsystem. This study reflects the characteristics of the construction and reconstruction of innovation ecosystem in the digital economy era, deepens the driving role of digital innovation, enriches the interpretation of innovation ecosystem in digital background, and has guiding role in construction, transformation and upgrading of innovation ecosystem.

Keywords: digital innovation; innovation ecosystem; new energy vehicle; case study

1 引言

21世纪以来，伴随全球产业革命和技术革命的加速推进，创新活动的复杂性、高风险性以及不确定性使得组织不可能拥有发展所需的全部资源和技术，组织发展越来越依赖外部资源，苹果、谷歌、宝洁等一流企业的实践表明，打造健康、可持续的创新生态系统已经成为企业获取和保持竞争优势的关键[1]。因此，越来越多的企业开始摒弃封闭、独立的创新体系，进而转向开放、协同的创新生态系统。

当前，人工智能、大数据、云计算等数字技术正在以新理念、新业态、新模式深刻嵌入经济社会生活的各个方面。数字技术的广泛应用，打破了企业价值创造活动的时间与空间边界，使得全天候、全要素、全方位跨界融合成为可能，这就为企业创新生态系统的管理带来全新的挑战。一方面，企业研发设计、生产制造、市场营销等一系列活动正在被加速重构，越来越多的异质性主体能够进入企业创新生态系统，利益相关者之间的合作共生关系更加复杂，价值创造活动已经发展成为利益相关主体之间的价值共创[2]；另一方面，基于数字技术的创新正在成为引领企业创新发展的全新范式，数字化产品、服务与全新的商业模式塑造了新的价值创造方式，加快了企业创新生态系统的更迭交替[3]。由此可见，数字创新正演变为颠覆企业创新生态系统持续发展的重要力量。顺应数字化发展趋势，掌握数字创新驱动企业创新生态系统演变的规律，不仅有利于企业破解数字经济时代创新生态系统发展的"黑箱"，还有利于应对当前全球百年未有之大变局及世纪疫情的冲击，从而保持可持续的竞争优势。为此，本文提出了数字创新驱动企业创新生态系统的构建与重构的方式，并以新能源汽车企业蔚来和比亚迪为例，展现数字创新驱动企业创新生态系统发展的实现机制，为我国企业创新发展提供借鉴与参考。

2 数字创新与创新生态系统

2.1 数字技术与数字创新

数字技术是能够将图片、声音、文字等信息转化为二进制信号后进行运算、加工、存储的一类技术，是数字化的关键，具有数据同质性（homogenization）、可重复编程性（reprogrammable）和自我参照性（self-referential）[4]。数字创新是指利用数字技术进行创新活动，数字创新可以是技术本身的创新，也可以是数字技术的使用导致的产品服务、组织结构或商业模式等创新[5]。数字创新的基础是数字技术，数字技术提供了高灵活性与动态性的创新环境，驱动了生产流程的数字化、创新模式的生态化，并为跨界活动提供了可能。数字创新对组织创新活动有着深刻影响，其改变了组织模式、产品结构等，使组织创新过程产生巨大变革。

与线性创新范式和机械式创新范式相比，数字创新具有三方面显著特征：一是跨界融合性：数字创新通过数字技术在原本分离的模块或功能之间建立连接关系，使原有的主体边界突破，从而实现跨界融合[6]。例如，智能手机通过跨界融合将原本不相关的音乐播放器、摄像机、浏览器等集成到一部设备中，让用户可以便捷地使用并获得多样性的功能体验。二是自生长性：数字技术的动态性和可扩展性为产品提供迭代优化的条件，产品可在自身的生长周期中不断地改进、优化，并最终满足客户的需求[6]。例如，APP软件会根据用户使用后的反馈进行系统的优化和内容的迭代更新。三是平台网络性：数字创新通过平台形成具有多主体的创新网络，不同主体间交互合作形成平台系统，所有主体通过平台进行创新而不是针对自身的单一产品创新[7]。例如，无人驾驶汽车形成的创新平台集成不同的主体，通过数字创新平台将数字设备与非数字组件连接，形成无人驾驶服务。

2.2 创新生态系统构建与重构

1）创新生态系统的内涵

企业创新生态系统是指在一定的社会空间内以企业为主体，以及数量众多、结构复杂的其他参与主体组成的网络系统结构[8]。企业作为创新生态系统最核心的主体，负责产品开发与制造、运用科研成果和提供服务给用户并收集建议；科研机构负责开发新技术和知识学习以及培养专业人才；公共机构包括政府、金融机构等，负责给予其他主体相关政策、资金方面的支持，推动其他主体的发展；用户既是产品的购买者也是相关信息的提供者，促进主体间的深度协同[9]。根据创新生态系统中的主体特点，可将其划分为以技术创新为主要目的的研发子系统、以产品制造为主要目的的生产子系统、以产品推广与相关服务配套为主要目的的应用子系统[10]。

2）创新生态系统构建

创新生态系统构建是指企业为实现自身价值不断与外界互动，从中吸收异质性资源并与其他主体建立互动共生的创新关系的过程[11]。创新生态系统的构建实质上是异质性主体的聚集、交互，并进行网络系统整体的拓展，因此创新生态系统的构建是围绕主体进行创新过程的实现和主体间关系的形成[12]。企业通过创新生态系统进行相关活动从而获得更多异质性资源，将原本所不具备的技术、信息等进行整合从而为己所用，因此主体的匹配能力以及资源的多样性是影响创新生态系统构建的重要因素[13]。核心企业可通过平台的方式将不同主体的资源集成，通过对网络结构的拓展进行创新生态系统的构建[14]。

3）创新生态系统重构

创新生态系统重构是指企业主体根据当前竞争态势进行创新战略变革，并且吸引更多新企业加入形成新的创新网络，改变竞合规则，缔结主体间新协作关系，并形成一个崭新的创新生态系统[15]。新企业的加入、所提供的资源以及主体间关系的变化是创新生态系统重构的三要素[16]。创新生态系统重构本质上是要素的替换导致新创新生态系统的产生，新主体的进入与某些旧主体的退出会导致创新生态系统的运行范式完全被颠覆。有学者指出，技术创新是创新生态系统重构的重要驱动因素，技术创新使企业改变重组价值链中的各个环节，并改变企业与其他主体间的关系从而形成新的网络结构，导致创新生态系统的重构[15]。此外，新知识也会导致企业相关的创新行为发生变化，从而根本改变创新生态系统的内部运行方式，实现创新生态系统的重构[16]。

2.3 数字创新对创新生态系统构建与重构的驱动作用

数字创新对企业创新生态系统的作用主要集中于研发、制造和服务三个维度的价值创造活动[17]，对应创新生态系统中研发子系统、生产子系统和应用子系统三部分。一方面，数字创新通过促进三部分的形成及协同驱动创新生态系统构建；另一方面，数字创新通过引导三部分转型升级形成新的运营模式驱动创新生态系统重构，两种驱动作用的过程如图1所示。

1）数字创新对创新生态系统构建的驱动作用

数字创新首先驱动核心企业将来自不同地区不同类型的企业、科研机构的异质性资源进行收集与整合，不同主体间进行技术的共享与协同研发活动。作为关键驱动要素的数字技术贯穿于研发活动中，科研主体将数字技术与其他传统技术进行交叉融合，形成全新的智能互联网技术体系。该体系促进产品的核心功能构建与相关配套设施研发，使研发子系统的主体间快速完成技术匹配，形成数字技术与传统技

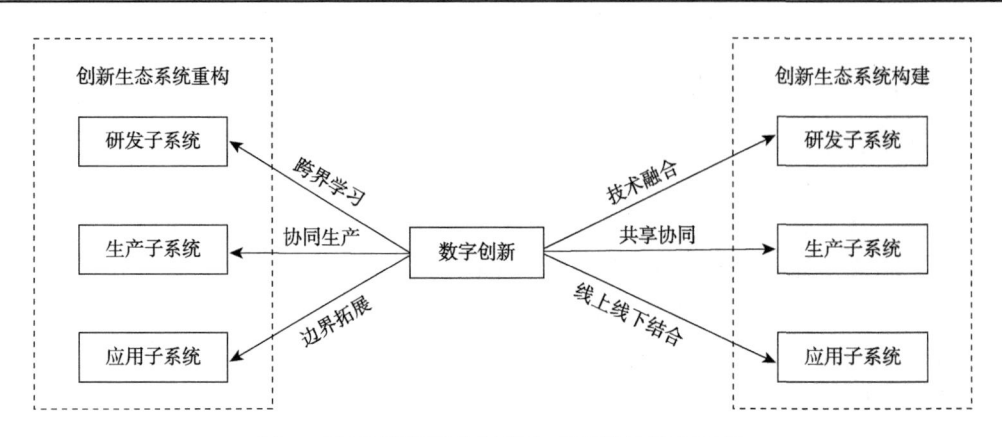

图 1 数字创新驱动创新生态系统构建与重构

术结合的技术体系，在此基础上吸收生产子系统的主体进入创新生态系统。主体间通过数字平台一方面提供自身需求信息从而快速整合不同主体进入创新生态系统中进行生产制造活动，并促进组织间资源、信息共享，建立高度灵活的协作关系，形成智能化的制造方式；另一方面将研发子系统的技术体系高效快速地转化为生产制造优势，核心制造主体根据技术体系的要求将所需的资源和能力在互联网平台快速地集成，从而实现大规模集成制造。此外，数字技术使线上线下结合的服务方式得以实现，用户成为创新生态系统的重要组分，通过建立与用户服务相关的平台或软件，促进用户与企业之间的信息交流，以便针对性地为用户提供所需的服务。并通过数据挖掘算法分析用户在交流过程中所产生的数据，以便了解用户需求的变化，从而促进生产子系统与研发子系统的主体对相应产品与技术做出调整。

2）数字创新对创新生态系统重构的驱动作用

在研发子系统，数字创新提高了企业跨界学习的能力，打破边界，将多元化的主体纳入创新生态系统[18]，将与所需技术相关的外部主体引入至内部，一方面获取异质性的资源与多样的技术手段，将其作为新技术体系构建的重要前提；另一方面通过模块化的方式将原有技术与新技术快速高效地集成融合，核心技术模块被保留，在此基础上将新技术模块添加，或替换原有的非核心外围技术，形成全新的技术体系。在生产子系统，互联网平台打破了原有的大规模标准化生产模式，帮助主体进行优势与资源的匹配，核心企业将与互联网技术相关的组织引入创新生态系统，互联网技术有效嵌入全生产流程中，并使生产流程受到云端的实时监控，将获得的资源随时随地合理分配，通过内部主体联合、分工协作的方式整合资源投入生产，根据各主体的优势进行差异性的生产活动，将各自独立生产的方式转变为合理分工与协同生产。在应用子系统，以 APP 为互动媒介允许用户与企业进行在线互动，企业向用户传递产品的新理念新功能，并针对用户的反馈需求对自身产品进行调整。一方面维持原有用户的市场规模；另一方面将市场拓展至未曾涉足的潜在用户群体。用户的高度参与促进企业内部资源与个人信息的高度共享，提升企业研发和生产的效率，推动创新生态系统的变革与重构。

3 数字创新驱动蔚来创新生态系统构建

蔚来是全球化的智能电动汽车品牌，于2014年11月由李斌、刘强东、李想以及腾讯、高瓴资本、顺为资本等顶尖的企业家与互联网企业联合发起，并获得淡马锡、百度资本、红杉、厚朴、联想集团、华平、TPG、GIC、IDG、愉悦资本等数十家知名机构投资。旗下主要产品包括蔚来 ES6、蔚来 ES8、蔚来 EC6、蔚来 EVE、蔚来 EP9 等。作为立足全球的品牌战略，蔚来在全球范围内设立了研发、设计、生产的相关主体，通过吸收与汽车制造、软件服务相关的专业人才，建立了数字创新驱动的新能源汽车研发、生产和服务一体化的创新生态系统。

1）研发子系统构建

蔚来在全球范围建立技术研发中心，包括上海量产车研发中心、圣何塞自动驾驶研发中心、伦敦极限性能研发中心、北京软件研发中心等，进行核心技术研发，并利用智能云平台实行串并行联合的设计模式，将权力释放给供应商，迅速形成可靠的产品技术体系。通过利用数字技术促进不同研发中心之间的信息交互，从而将获得的资源整合并对相关技术体系进行跨界融合。例如，将互联网技术与充电设备、电池的相关技术进行融合，打造 NIO Power 充换电体系以及相应的 APP 软件；互联网技术与汽车驾驶技术融合，打造 NIO Pilot 自动驾驶体系等。数字创新驱动蔚来创新生态系统的研发子系统形成全球范围内研发中心的高效协同研发方式，并通过数字技术与新能源技术的融合，形成自动驾驶、充电设施等技术体系，加快了技术体系的研发速度，为后续的产品制造提供了技术支撑。

2）生产子系统构建

蔚来通过构建数字平台将 BOSCH、Continenal、宁德时代等组件供应商、江淮汽车等汽车制造商和南方和顺、国网电动汽车有限公司等互补件供应商整合。组件供应商负责实现新能源汽车所需功能的组件制造，包括电池模组、视觉芯片、液晶屏幕等，互补件供应商主要负责相关配套设施的制造，包括充电站、充电网络等，而以江淮汽车为首的汽车制造商主要负责新能源汽车的整体制造以及将不同组件进行整合。数字平台使各个制造企业之间的产品技术模块依存关系、企业间的分工更加明确，并通过平台进行信息交互以确保各个组件或互补件之间可以进行匹配加工。蔚来拥有世界领先的智能化生产线，整个生产线通过大数据互联实现制造设备的数字化交互从而完成高速精准的汽车组装。数字创新驱动各个主体间的信息交互、资源共享从而提高制造效率，加速制造环节的完善，形成高效的制造模式[19]。

3）应用子系统构建

蔚来通过专属 APP 将所提供产品的信息与用户信息进行匹配，使用户可以简便快捷地寻找自己想要的产品和服务。建立了 NIO Service 云服务中心，对用户在浏览、购买活动过程中产生的数据进行大数据分析、用户画像，对用户的潜在需求的变化进行识别判断，企业可以通过随时掌握用户的需求实时调整并生产差异化的产品。对于充电系统相关的配套设施，蔚来建立了电能服务体系，将与充电相关的信息集成，为用户根据自身情景提供相应的解决方案。数字创新促进了线上线下相结合的商业模式形成，将用户作为创新生态系统构建的重要推动者，使创新生态系统沿着符合市场需求的方向快速演进。

4）子系统间协同构建

数字创新不仅驱动各子系统构建，而且推动了子系统间的协同构建。数字技术与数字平台的集成作用打破了各子系统之间的边界，实现主体间跨边界创新协作。蔚来在进行包括自动驾驶、"三电"等相关技术研发时吸收互联网企业、供应商等主体进入，二者相互协同实现全球范围内的资源协同和调整以及技术体系与产品生产的实时对接。产品制造完成后将生产的新能源汽车产品和配套服务通过 NIO Service 等平台提供给用户，并通过数据挖掘用户的需求实现对产品和服务的调整，进而影响研发子系统与生产子系统做出相应的改进。因此，数字创新驱动蔚来新能源汽车研发子系统、生产子系统和应用子系统的协同构建，从而快速打造完备的数字化创新生态系统。

4 数字创新驱动比亚迪创新生态系统重构

比亚迪创立于 1995 年，并在 2006 年开始进军新能源汽车领域，是一家拥有 IT、汽车及新能源三大产业群的高新技术民营企业。截至 2020 年底，比亚迪进军欧洲国家、以色列等国外汽车市场，成为新能源汽车产业的领跑者，旗下包括唐、宋、秦、比亚迪 e9 以及 K 系列纯电动大巴等新能源汽车产品深受消费者欢迎。比亚迪通过数字创新对研发、生产、服务模式进行调整，实现从传统汽车企业创新生态系统向新能源汽车企业创新生态系统的成功转型。

1）研发子系统重构

由于国际市场对相关技术的垄断，新能源汽车的技术创新模式需要从曾经的模仿创新转变为自主研发。在研发初期，比亚迪受制于没有专门的部门和机构负责新能源汽车相关技术的研发，企业依旧按照传统能源汽车的方式进行研发生产活动，导致企业在管理、沟通上出现困境。比亚迪通过设立中央研究院、汽车工程研究院，用于研发新技术和设立相关技术标准,并建立专门的实验室针对用户需求进行适用于不同领域的产品开发。通过"e 平台"实现全行业产品研发技术共享,对相关技术施行"三合一式"整合设计,促进全球技术共享[20]。基于数字平台通过对非专利的、不受知识产权保护的技术进行学习获取,对关键核心技术进行研发,形成比亚迪自身独特的技术体系。数字创新重构了研发子系统的创新模式,依托于数字平台的技术学习整合与关键技术自主研发代替了原有的模仿式创新,新的异质性主体介入也改变了传统的研发方式。

2)生产子系统重构

比亚迪早期采用集团内部制造企业垂直整合的方式进行自下而上地拼凑部件来完成新能源汽车的制造,导致组织间经常出现流程变更、零件不匹配等问题。为解决此问题,比亚迪利用互联网平台,根据自身的技术优势和特点吸收新主体进入,如与奔驰合作,通过网络技术联盟将奔驰的电动汽车结构和安全领域与自身电池技术和成本优势结合,将二者的资源最大化整合,生产出高品质的腾势汽车。新能源汽车所需组件来自不同领域,且各组件之间难以相互匹配,比亚迪建立开放式制造平台,引入英特尔等互联网企业,协助生产智能充电设备、智联网相关组件等,根据不同企业的资源优势进行合理分工,提高了生产效率且避免了浪费,将传统汽车简单的各自生产直接装配的生产模式升级为主体间的协调合作生产模式。数字创新将跨界企业引入生产子系统并加强资源处理能力和效率,使各个主体"物尽其用",并打通企业之间的组织壁垒,形成高度协同的智能制造模式。

3)应用子系统重构

在向新能源汽车转型的过程中,如何将新能源汽车推广、出售给用户以及相应配套的充电服务满足用户需求是亟待解决的问题。在研发子系统与生产子系统完成重构后,比亚迪开始进行市场拓展与商业模式创新。通过 DiLink 智能联网系统形成"人-机-车-云"的全方位连接,允许用户下载上百款应用 APP,提供给用户全面的服务体系。并采用互联网技术形成多维开放式创新平台,实现"7+4"全市场战略布局,从而将市场拓展至公共交通、物流等方面。对于商业模式,比亚迪通过互联网平台将政府和电动汽车出租公司纳入创新生态系统中,并委托电力公司进行网点试运营,通过相关 APP 获得用户反馈信息并进行持续调整。数字创新驱动创新生态系统拓展已有的市场范围并升级现有的商业模式,实现线上线下融合,缩短创新生态系统的运转周期,促进创新生态系统迭代发展。

4)子系统间协同重构

数字创新通过驱动研发子系统、生产子系统和应用子系统的协同转型升级促进创新生态系统重构,新主体的引入以及与旧主体的磨合与协同引起的相关运行模式的变化是该过程的重点。比亚迪根据市场需求在全球范围内引入大量异质性资源,促进不同主体之间的互动和交流，在传统汽车技术和生产方式的基础上通过数字技术进行整合和创新，调整创新生态系统中主体的关系，从以往的独立研发、独立生产变成高度协同的网络化模式。另外，通过互联网技术促进市场范围拓展、向其他领域扩张，带动创新生态系统对异质性资源的吸收，加速创新生态系统整体重构。

5　结论和启示

本文探讨了数字创新驱动创新生态系统构建和重构的实现方式。一方面，数字创新通过技术交叉融合、共享协同以及线上线下结合等方式，驱动研发子系统、生产子系统和应用子系统协同构建形成数字化创新生态系统；另一方面，数字创新通过促进企业跨界学习、协同生产和市场边界拓展等方式，驱动研发子系统、生产子系统和应用子系统的数字化转型，实现创新生态系统重构。蔚来和比亚迪新能源汽车创新生态系统实践表明，通过数字创新驱动创新生态系统的构建或重构，是数字经济时代企业实现高质量创新发展的重要途径。

本文可为企业创新生态系统发展提供一些启示。

（1）企业通过数字创新驱动创新生态系统构建或重构时，应充分发挥数字技术可流动性和敏捷性的特点。积极推动数字技术与传统技术的交叉融合，利用数字平台集中更多异质性主体，并促进主体间信息和资源的交换。

（2）企业通过数字创新驱动创新生态系统构建时，需避免创新生态系统内部主体各司其职的情况，在进行技术研发和产品制造时应随时注意用户的反馈和市场的变化，实时调整相应结构，保持研发子系统、生产子系统、应用子系统间的协同发展。

（3）企业通过数字创新驱动创新生态系统重构时，需着重利用数字技术协调创新生态系统中新旧主体的关系，确保主体间可以高效协同，避免在转型过程中出现主体边缘化、数字壁垒等问题从而影响创新生态系统发展。

随着数字技术的普及，数字创新驱动企业创新生态系统发展也越来越普遍。除新能源汽车产业中的蔚来和比亚迪外，其他领域的企业也存在着类似的情况，如智能服装行业中的南极电商和韩都衣舍分别通过数字创新驱动创新生态系统的构建与重构的方式实现企业高质量发展。局限于新能源汽车企业所固有的行业本质与数字化情境，未来研究还需探究数字创新对不同产业领域企业创新生态系统驱动作用的差异性，从而得到更加普适性的结论。

参 考 文 献

[1] de Vasconcelos Gomes L A, Facin A L F, Salerno M S, et al. Unpacking the innovation ecosystem construct: evolution, gaps and trends[J]. Technological Forecasting & Social Change, 2016, 136: 30-48.

[2] 张超，陈凯华，穆荣平. 数字创新生态系统：理论构建与未来研究[J]. 科研管理，2021，42（3）：1-11.

[3] 魏如清，唐方成. "互联网+"背景下用户价值创新的挖掘[J]. 中国地质大学学报（社会科学版），2016，16（2）：134-141.

[4] Yoo Y J, Henfridsson O, Lyytinen K. The new organizing logic of digital innovation: an agenda for information systems research[J]. Information Systems Research，2010，21（4）：724-735.

[5] 闫俊周，姬婉莹，熊壮. 数字创新研究综述与展望[J]. 科研管理，2021，42（4）：11-20.

[6] Yoo Y, Boland R J, Lyytinen K, et al. Organizing for innovation in the digitized world[J]. Organization Science，2012，23（5）：1398-1408.

[7] Gawer A, Cusumano M A. Industry platforms and ecosystem innovation[J]. Journal of Product Innovation Management，2014，31（3）：417-433.

[8] 蒋石梅，吕平，陈劲. 企业创新生态系统研究综述——基于核心企业的视角[J]. 技术经济，2015，34（7）：18-23，91.

[9] 杨晓斐，武学超. "四重螺旋"创新生态系统构建研究[J]. 中国高校科技，2019，（10）：30-34.

[10] 埃斯特琳 J. 美国创新在衰退[M]. 闫佳，翁翼飞译. 北京：机械工业出版社，2010：2-8.

[11] 葛安茹，唐方成. 合法性、匹配效应与创新生态系统构建[J]. 科学学研究，2019，37（11）：2064-2072，2081.

[12] 曾国屏，苟尤钊，刘磊. 从"创新系统"到"创新生态系统"[J]. 科学学研究，2013，31（1）：4-12.

[13] Child J, Faulkner D, Tallman S. Cooperative Strategy: Managing Alliances, Networks and Joint Ventures[M]. Oxford: Oxford University Press, 1998.

[14] 孙冰，周大铭. 国外创新网络核心企业研究现状评介与未来展望[J]. 外国经济与管理，2011，33（8）：17-24.

[15] Zahra S A, Nambisan S. Entrepreneurship in global innovation ecosystems[J]. Academy of Marketing Science，2011，（1）：4-17.

[16] 王立娜. 社区O2O电商企业重构创新生态系统的策略研究[D]. 北京林业大学硕士学位论文，2016.

[17] 汪芳，石鑫，赵玉林. "互联网+"战略、企业异质性与研发投入[J]. 研究与发展管理，2020，32（4）：124-135.

[18] Jacobides M G, Cennamo C, Gawer A. Towards a theory of ecosystems[J]. Strategic Management Journal，2018，39（8）：2255-2276.

[19] 刘洋，董久钰，魏江. 数字创新管理：理论框架与未来研究[J]. 管理世界，2020，36（7）：198-217，219.

[20] 花磊. "比亚迪"智能制造转型升级战略及启示[J]. 合作经济与科技，2019，（23）：147-149.

传统企业数字化转型的能力构建与关键要素*

董小英

(北京大学光华管理学院,北京 100871)

摘 要:在数字经济时代,数字经济基本架构由数字基础设施、数字化产业、产业数字化、数字化社会和数字化愿景共同组成。在发展数字经济过程中,传统企业数字化转型是一个关键研究课题。本文基于数字企业模型及调研系统,具体呈现了传统企业数字化转型战略、目标、人才缺口、数据使用情况以及在数字平台上与合作伙伴的关系,并在此基础上,提出了传统企业数字化转型的速度、范围、规模和价值。

关键词:数字经济;传统企业数字化转型;数字化人才;数字化能力;数字化转型模式

Capability Building and Key Elements of Traditional Enterprises' Digital Transformation

Dong Xiaoying

(Guanghua School of Management Peking University, Beijing 100871, China)

Absrtact:The basic architecture of digital economy consists of digital infrastructure, digital industry, industrial digitalization, digital society and digital vision in the era of digital economy, In the process of developing digital economy, digital transformation of traditional enterprises is a key research topic. Based on the digital enterprise model and research system, this paper presents the traditional enterprise digital transformation strategy, goals, talent gap, data usage and the relationship with partners on the digital platform. On this basis, it puts forward the speed, scope, scale and value of the traditional enterprise digital transformation.

---

* 基金项目:国家自然科学基金项目"战略领导力、组织学习对高科技企业双元能力建设的影响研究"(71371017)。本文摘自作者在"2020 国际数字创新高峰论坛"中的演讲。

作者简介:董小英(1959—),女,北京人,副教授、博士,研究方向为知识管理与创新、数字经济与数字化转型。

Keywords: digital economy; traditional enterprise digital transformation; digital talent; digital ability; digital transformation mode

1 企业数字化转型的现状

2020年是环境复杂多变的一年，新型冠状病毒肺炎疫情（简称新冠肺炎疫情）横扫全球，国际上科技竞争更加激烈。如今，中国经济正处在历史转型和发展的关键时期，中国政府和企业不得不重新审视当前形势，做到顺势而变。以往，人们更加关注的是社会经济的高速发展、增长及运营。但是面对当前环境的突变，不仅要关注如何做到经济的高质量发展，同时还要考虑战略调整，尤其是在新冠肺炎疫情导致战略中断的情况下，很多企业特别是大量中小型企业需要重点思考如何生存，这个问题在当前变得非常重要。在此背景下，数字化到底对中国未来的经济发展发挥怎样的作用，这是很多企业都应该高度关注的问题。

通过长期的大量研究，笔者于2020年出版了《变数：中国数字企业模型及实践》，该书提出数字经济的整体框架，这个框架由五个板块构成：一是数字基础设施（又称新基建），由战略通用技术共同组成，该基础设施将在相当长的历史时期内支持技术创新、商业模式创新和社会创新，其影响涉及所有领域；二是数字化产业，主要由支持提供数字化转型服务的产业和企业构成，包括与数字和通信技术密切相关的软件、硬件、服务、通信和互联网平台企业；三是产业数字化，是指数字技术应用到第一、二、三产业中，促进这些产业降本增效、高效运营和商业模式创新；四是数字化社会，由三个重要体系组成，包括行业、区域与国家公共服务体系，创新与高质量发展支持体系和重大应急事件响应体系；五是数字化愿景，发展数字经济的最终目标，要通过科技创新与应用，提升全要素生产率，为人类打造一个更加完美的社会，发展新的文明形态，提升社会效率、绿色环保、智能精准、供需匹配、透明公正。数字经济发展的总体目标是提升全要素生产率的组合和配置效率，从而实现提升整体社会效率、绿色环保、智能精准、供需匹配、透明公平的文明社会的总体目标[1,2]（图1）。

实现数字化转型需要非常大的支撑系统，即数字基础设施。我们的研究将互联网、移动互联网以及新一代以5G技术为核心的基础设施的建设统称为战略通用技术。战略通用技术基本定义是，在相当长历史时期内通过与其他技术进行叠加，并在此演进过程中形成大量的创新形态。例如，5G技术对工业互联网、物联网的发展具有战略意义，发展过程中可能会带来千亿级美元的市场。移动互联网在3G到4G的过渡期间产生，如美国出现了若干大型的移动互联网平台企业，中国出现了百度、阿里巴巴、腾讯之类的知名互联网平台企业。如今，中国与美国之间互

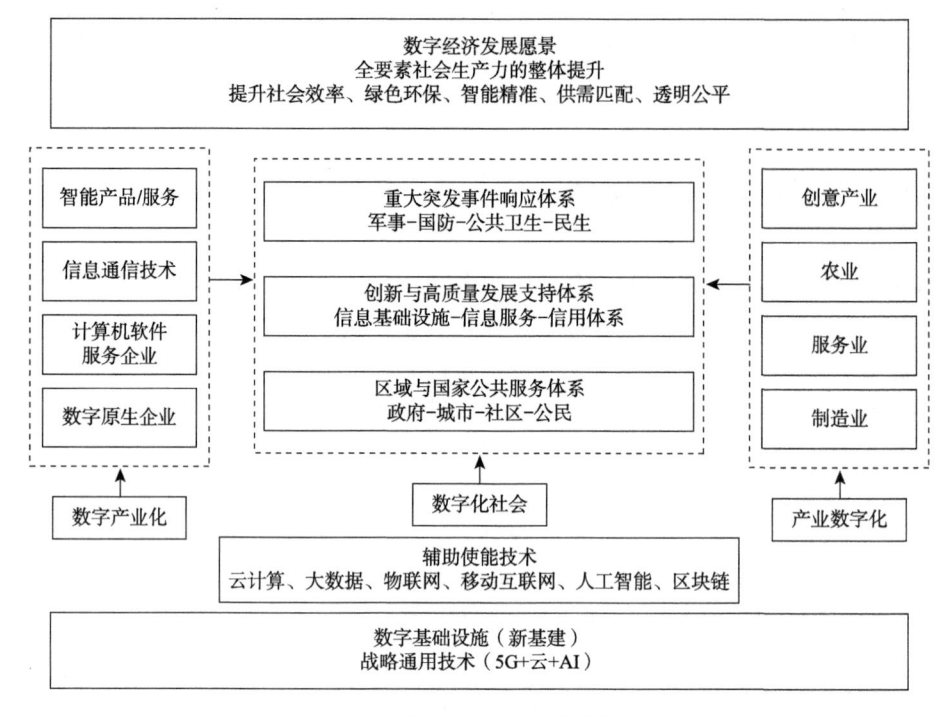

图 1 数字经济发展全景图

联网平台的总市值是全球 70 个平台总市值的 90%。虽然在消费类互联网中,我国占比较大,但是我国在 2B 端平台的构建还不够完善,落后于日本、韩国和美国等国家。因此,对于我国来说工业互联网的发展在未来也是很硬的"骨头",而且是关键挑战。

基于以上背景,近年来笔者研究团队一直跟踪中国企业数字化转型的发展情况。2019 年笔者推出了《中国数字企业白皮书(2019)》,该书提出了中国数字企业模型,包含 13 个要素,约 30 项测量指标,通过对企业数字化转型的持续追踪,研究出中国企业数字化转型的困难点。《中国数字企业白皮书(2019)》有制造业与信息业对标篇,还有国有企业与民营企业的对标篇,同时基于前两者的数据,笔者还做了能源行业的对标以及汽车行业的对标。根据 2020 年的企业调研数据,我们把中国企业的战略选择定为五种类型:领导者、快速追赶者、缓慢采纳者、观望者和怀疑者。以上五种类型企业数字化转型在行业中所处的位置分布如图 2 所示。以往我们在企业调研中发现,民营企业的领导者类型比较多,而且信息服务业比制造业领导者类型多。从 2020 年的企业调研数据可以看出,怀疑者和观望者类型的企业比例进一步下降,这说明企业数字化转型方面已经形成了很高的共识[3, 4]。

此外,从 2020 年的企业调研数据中还可以看到企业在数字化转型过程中到底需要什么样的人才(图 3),这对于将来培养人才具有非常重要的指导意义。从图 3 可以看出,一方面,企业数字化转型需要数字化企业战略领导者,由于数字经济是全新概念,专业化程度比较高,因此需要企业"一把手"能够认识到其价值;另一方面，还需要拥有数字化背景知识的项目经理，这种需求在制造业和汽车业中尤为明显，这些行业既要求项目经理有相关的业务背景，又要求具备让数字化落地的能力。基于此，北京大学光华管理学院专门开设了商业统计分析专业，加大对该领域人才的培养，为社会培养更专业的数据科学家。

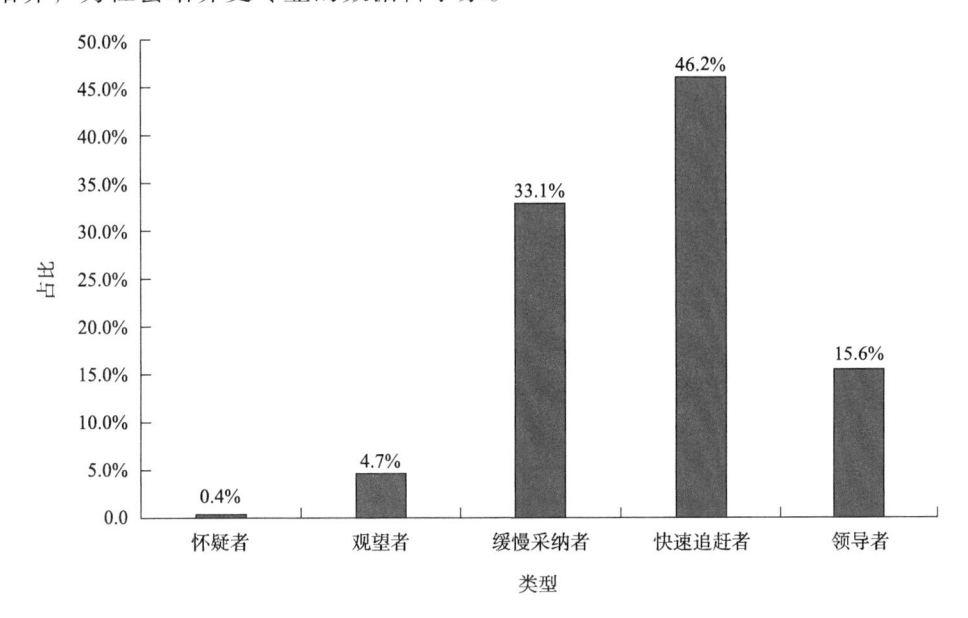

图 2　企业数字化转型在行业中所处位置分布图

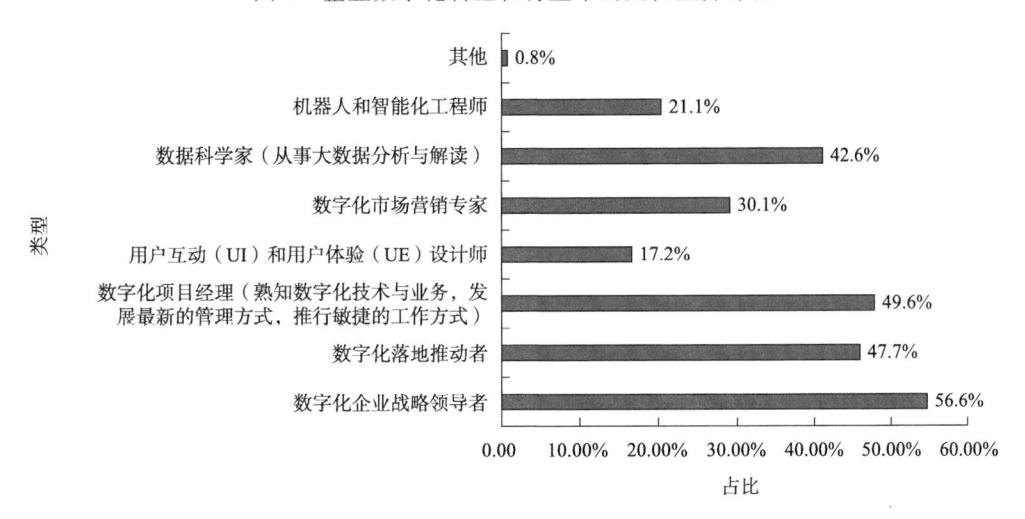

图 3　企业最缺乏数字化人才方面分布图

对于数字化转型的核心目标，主要分为四个方面，第一个方面与传统企业内部管理和运营能力相关，目前看是企业数字化转型所要解决的最核心问题，集中体现在降本增效上；第二个方面与企业服务客户能力有关，包括提升客户的忠诚度和满意度；第三个方面与企业财务指标有关，体现在增加市场竞争力，提升企业的销售收入上；第四个方面与企业中长期竞争优势有关，包括提升企业对环境的适应能力，抓住未来的发展机会，拓展企业的业务边界和提升行业影响力。从2020年我们发布的白皮书看，传统企业数字化转型的主要目标集中在解决内部管理问题上（图4）。

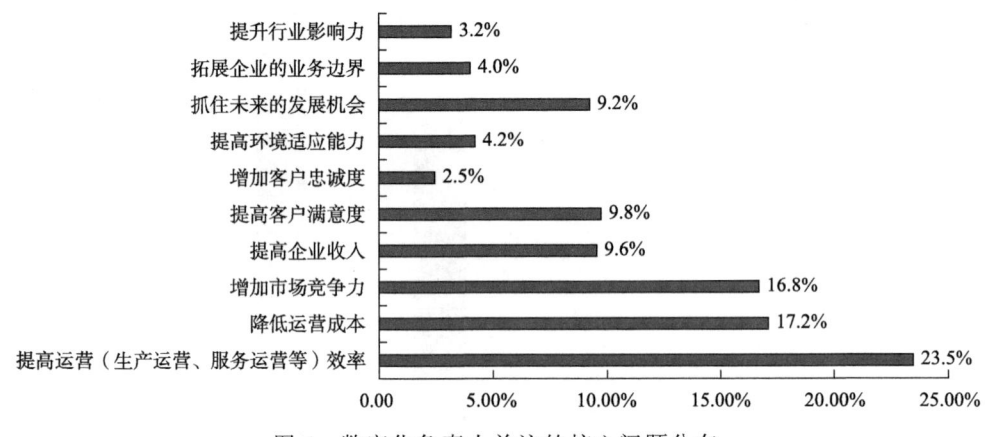

指标	比例
提升行业影响力	3.2%
拓展企业的业务边界	4.0%
抓住未来的发展机会	9.2%
提高环境适应能力	4.2%
增加客户忠诚度	2.5%
提高客户满意度	9.8%
提高企业收入	9.6%
增加市场竞争力	16.8%
降低运营成本	17.2%
提高运营（生产运营、服务运营等）效率	23.5%

图 4　数字化负责人关注的核心问题分布

在数字驱动业务发展方面，国有企业与民营企业存在比较大的差距，具体请参见图 5。在国有企业用户调研中，各项指标都低于民营企业，这说明民营企业的行动速度更快、行动力更强。以上结论来自笔者研究团队的企业调研，在企业调研中准备的 60 个问题可以交叉验证，具有可信性。

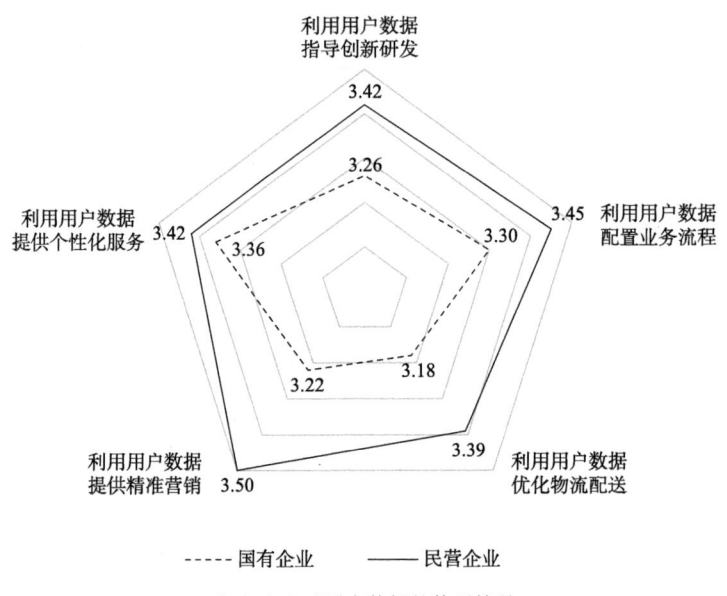

维度	国有企业	民营企业
利用用户数据指导创新研发	3.26	3.42
利用用户数据配置业务流程	3.30	3.45
利用用户数据优化物流配送	3.18	3.39
利用用户数据提供精准营销	3.22	3.50
利用用户数据提供个性化服务	3.36	3.42

（a）企业对用户数据的使用情况

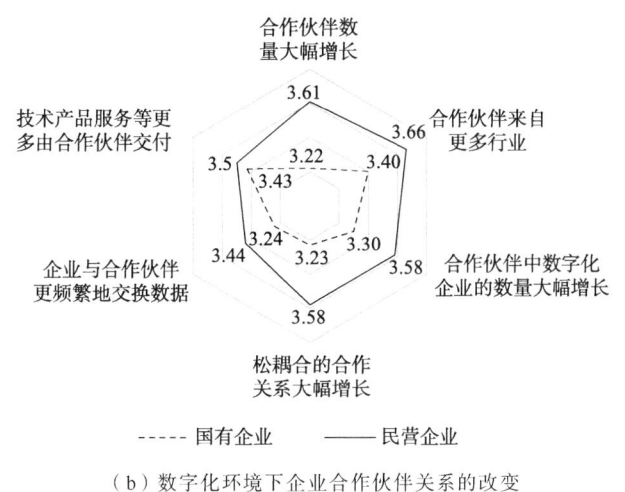

图中数据(雷达图):
- 合作伙伴数量大幅增长 3.61
- 合作伙伴来自更多行业 3.66
- 合作伙伴中数字化企业的数量大幅增长 3.58
- 松耦合的合作关系大幅增长 3.58
- 企业与合作伙伴更频繁地交换数据 3.44
- 技术产品服务等更多由合作伙伴交付 3.5
- 内部数值:3.22、3.40、3.30、3.23、3.24、3.43

----- 国有企业 ——— 民营企业

(b)数字化环境下企业合作伙伴关系的改变

图 5 数字驱动业务发展国企与民企的差异

2 企业数字化转型的能力建设

传统企业在数字化转型中面临着非常大的困境,它们既面临着同行业的挑战,又面临着异业竞争,即互联网企业通过获客能力、平台化能力和数据管理能力以非常激进的方式进入传统企业的市场渠道,并与传统企业相比,获得了大量客户信息和数据。所以传统企业除了要具备已有的产品研发、生产能力之外,还需要具备数字企业即互联网企业的能力,如构建平台、开发数据资源的能力,这是传统企业要面临的双重挑战。

笔者通过深入的案例研究观察了传统企业异业竞争的构建,以及他们与互联网企业的共同演化。近年来,传统企业的竞争优势特别是市场能力在逐渐降低,因为随着互联网消费模式的兴起,传统企业的产品要到大型互联网平台上进行销售,所以就降低了传统企业的议价能力。笔者研究团队用了约十年时间研究了我国一些成功实现数字化转型的传统企业,它们通过巨大投入成功构建了数字化能力,在某种程度上可以与数字原生企业平起平坐。毋庸置疑,传统企业数字化转型的目标是可以达到的。相比传统企业来说,这些企业根据消费者的需求和活动,设计提供相应的数字化服务(如打车、骑行、订餐等),聚集人气,打造数字化生态,并根据消费者需要的关联服务,进入相关的产业(如物流、支付)。这些都是传统企业在数字化转型中需要学习的地方。

在当前发展背景下,传统企业在制定数字化转型战略时需要重点关注四个方面,即数字化转型速度、数字化转型范围、数字化转型规模和数字化转型价值。另外,还需关注数字化转型能力是以自我赋能为主还是以对外赋能为主,是局部转型还是整体转型,数字化能力的获取源自内生还是外购。相比有些地方政府和企业通过"场景化创新"推进数字化转型的提法,笔者对此持不同看法,因为数字化转型过程中点、线和面要同步，即场景的选择和整体规划与架构设计都要兼顾。因为数字化的要素是基础业务系统要做到系统互联、数据互通，把整个"任督二脉"全部打通，这就不能仅仅基于场景化创新，关键目标是要打破信息孤岛，如果数字化转型仅仅切入一个个场景，信息孤岛就会变成数据"烟筒"，信息孤岛不断被新的技术强化，而不是被连接和突破。因此，数字化转型不能仅局限于单点思维，必须要有体系化思维。其中涉及四个方面：

第一，数字化转型速度。这与企业最高领导层的认知有关。从我们多年来对企业信息化的研究可以看出，数字化转型一定是"一把手"工程，只有企业"一把手"将企业数字化转型作为一号工程来重视时，企业的数字化转型才能真正取得成效。当然，数字化转型并不是纯技术的问题，实际上涉及决策支持、生产运营、战略选择、客户服务及绩效管理等方面。这就意味着转型过程会发生认知的改变、行为的改变、权力的重构及组织形态的改变，转型过程势必非常痛苦，这就使得很多大型传统企业下不了转型的决心。此时，就需要有一定的激励机制去鼓励它们推进组织的变革。另外，数字化转型还涉及企业生产运营全流程、全体系，包括客户的服务体系和绩效管理体系等一整套的变革。将来几乎所有行业都会是数字孪生体，在实体和数字孪生体之间形成高效的协同互动，传统行业如建筑行业、农业等数字化程度比较低，需要通过打造数字孪生体提升整个行业的运行效率。因此，笔者认为数字化转型并不是短期的任务，而是一场马拉松。

第二，数字化转型范围。互联网企业的业务具有数据资源的天然属性，消费者拿起移动设备登录互联网平台就可以购物，互联网企业无论是内部还是外部都是数字化的。但传统企业的设备、资产、流程及人财物要素等大部分资产都是非数字化的，传统企业需要的是从内到外整体的数字化转型，要设立管理信息系统、有效利用数字孪生体、打造数字工厂、实现智能制造等数字化业态。其中，特别需要指出的是 CPS，笔者研究团队在《中国软科学》上发表过一篇题为"CPS 与未来制造业的发展：中德美政策与能力构建的比较研究"的文章。CPS 是网络-实体系统，C 是网络空间，P 是实体空间，S 是连接网络和实体空间。CPS 被美国和德国认为是引领数字经济的十大技术之首，但目前我国学术界对 CPS 的研讨并不多。德国制造业非常强，P 非常强，美国制造业也很强，但其 C 网络更强。例如，特斯拉电动汽车完全是使用网络空间的思维和软件来定义的实体。德国察觉到危机的严重性后，提出了工业 4.0 的概念。对于中国来说，P 虽然很大，但不够强，我国的网络、人工智能等很多方面的基础研究还跟不上。所以新一轮数字产业的构建注定是漫长的，我们需要做好充分的思想准备。

第三，数字化转型规模。工业互联网平台的定义是以一个或多个企业开发的产品、服务或技术为基础，更多企业参与、深化为互补性创新的协同体系并形成网络效应。具有经济性的互联网平台就应该把技术体系模块化，将整合机制平台化。因此，每一项技术、每一个方案都有可能做出一个模块，组合到互联网平台上再进行复制。数字化技术要具备延迟满足感，先是能力构建、打造技术、反复迭代，等技术成熟后再形成规模。所以，企业不太可能从工业互联网领域中赚到快钱，而且非但没有快钱可赚，在短期内也不会产生明显效益。这种基于工业知识、工业流程、高度商业化的深度融合形态，注定发展前期是比较艰辛的。一旦工业软件达到成熟状态并规模化使用，其效率和效果才能充分显现。

第四，数字化转型价值。数字化转型价值当中重点之一是如何看待数据资产。1999年笔者开始研究知识管理时就发现，很多中国企业家的观念是"企业根本不需要知识，我们有土地、有矿产"。但是如今数字经济有两个核心要素，一是平台，二是数据。数据资源与土地、矿产等自然资源的最大不同就是取之不尽、用之不竭，是经济结构转型的重要资产。2020年4月9日，中共中央、国务院发布《关于构建更加完善的要素市场化配置体制机制的意见》，其中提出数据作为五个要素领域改革的方向之一。这一举措非常有战略眼光。那么，数据资源的开发过程中有哪些困难？我们通过对首席数据官的调研发现，一方面人才严重不足，另一方面投入极其不足。中国企业从获得的数据中挖掘出的内容有限，这也是数字化转型过程中面临的问题。数据是增值体系，需要对之进行深入的科学研究、基础研究，以及需要结合统计学等知识才能从数据资产中挖出"金子"。

如今我们可以看到，中国有些物联网企业、工业互联网企业已经开始有所作为，如树根互联网平台形成了81个行业的一体化平台，具有一定的规模效应。再如，航天云网可以在供需匹配间降低供需双方的搜寻成本和交易成本。此次新冠肺炎疫情期间，航天云网在供需匹配方面发挥了非常大的作用。还有海尔卡奥斯（COSMOPlat）工业互联网平台，笔者将之总结成"向日葵"模型，每一个创业团队是四千多个创业团队里的"葵花籽"，将客户需求变成创意点子。海尔卡奥斯工业互联网平台已成为全球最大的大规模定制解决方案平台，在交互、设计、采购等7大模块中为企业用户提供互联工厂建设、大规模个性化定制、大数据增值等8大生态服务，目前已推广到15个行业、12个区域。该平台可以自由开放、无限组合资源，保证为客户提供需要的解决方案。领导者就相当于葵花，消费者相当于太阳，葵花围着太阳转，领导者组合资源、打造基础设施和环境，以满足消费者需求。例如，以往血液量不足是中国医院的痛点之一，受医院血液存储条件的限制，血液量浪费量大。对此，通过海尔卡奥斯工业互联网平台，海尔构建了对血液进行全过程管理的配送和手术室血液管理设备，使宝贵的血液资源使用可以实现全流程追踪，解决了医院血源紧张、手术中血液不良使用率高等问题。

在企业调研中，笔者对领导者类型企业、缓慢采纳者类型企业的转型能力进行了深度细分，发现转型过程中困难和问题最多的是中小型企业。在此，笔者希望国家相关政府部门能够关注这些问题，如打造公共服务平台和建立数据治理机制，确保中小型企业的信息安全和数据安全，让他们放心无忧地使用公共服务平台。在数字化发展进程中，中国不仅仅需要大企业带来的推动力，更需要互联网平台企业，因为互联网平台企业能够赋能大量的中小型企业，促进我国企业数字化转型的全面推进。

3　企业数字化转型的要素

　　数字化转型面临的困难重重，中小型企业的困难是缺人才、缺资金、缺知识，大企业有认知和应对变革的风险，特别是国有企业面临的变革风险和不确定性更强。国家相关政府部门应制定激励机制，帮助中国企业攻克数字化转型中遇到的困难，同时这也是学术界研究者们的重要使命。要想顺利推进数字化转型，须先解决企业的痛点问题。对此，笔者总结了数字化转型"六不"目标：产品服务不淘汰、管理决策不犯错、价值运营不掉链、客户服务不落伍、商业模式不翻车、生态伙伴不掉队。以上六点均是与企业日常生存、发展密切相关的目标。

　　2020年笔者研究团队出版了《变数：中国数字企业模型及实践》，提出了结构清晰的"数字企业模型"，立体呈现了我国企业数字化转型的现状、痛点，并预测了未来数字化转型与创新的发展趋势。《创变：数字化转型战略与机制创新》即将出版，该书阐述了平安集团和美的集团的数字化转型、机制创新之路。数字化转型任重而道远，我们应共同努力，为推进中国的数字强国战略而共同奋斗。

参 考 文 献

[1] 武常岐，董小英，海广跃，等. 创变：数字化转型战略与机制创新[M]. 北京：北京大学出版社，2021.

[2] 董小英，戴亦舒，晏梦灵，等. 变数：中国数字企业模型及实践[M]. 北京：北京大学出版社，2020.

[3] 董小英教授研究团队. 油气行业数字化转型[M]. 北京：清华大学出版社，2020.

[4] 董小英教授研究团队. 中国数字企业白皮书（非正式出版物）[Z]. 2018，2019，2020，2021.

"权属-主体-角色"视角下数据要素价值化架构设计与机制研究*

尹西明[1,2]，林镇阳[3,4]，陈　劲[2,5]，赵　蓉[4,6]，王运宏[4]

（1. 北京理工大学管理与经济学院，北京 100081；
2. 清华大学技术创新研究中心，北京 100084；
3. 清华大学计算机科学与技术系，北京 100084；
4. 无锡江南大数据研究院，无锡 214000；
5. 清华大学经济管理学院，北京 100084；
6. 北京大学经济学院，北京 100043）

摘　要：数据要素已成为数字经济时代的基础性生产要素，然而如何准确界定数据要素权属、激发多元主体深度参与和协同共创，成为加快数据要素价值化、资产化和赋能数字经济高质量发展的关键难题。本文针对数据要素市场化配置和价值化实现中的突出问题，引入"权属-主体-角色"三位一体的视角，建构了数据要素价值化的基本框架，进一步讨论了"权属-主体-角色"视角下数据要素价值化"过程-权属"流转机制。本文丰富和深化了数字经济基础设施和数据要素价值化的相关理论研究，为理清数据要素价值化过程中涉及的数据权属界定、主体责任边界、协同共创机制，破解数据要素价值化关键难题，进而推进数字创新管理，完善中国特色数据要素价值化制度设计，加快数据要素价值化、市场化配置和数字经济高质量发展提供重要理论和实践

---

* 基金项目：国家自然科学基金青年项目"多层次系统视角下中国高校学术创业与成果转化促进机制研究"（72104027）；北京理工大学科技创新计划"北理智库"推进计划重大问题专项"新发展格局下数字经济高质量发展动态机制与案例研究"（2021CX13003）；北京社会科学基金重大项目"强化国家战略科技力量研究"（21LLGLA002）；全国博士后科学基金面上项目（2021M690388）；2021年北京市博士后科研活动经费资助项目（2021-zz-095）。

作者简介：尹西明（1991—），男，河南平顶山人，管理学博士，北京理工大学管理与经济学院特别副研究员、助理教授，硕士生导师，清华大学技术创新研究中心兼职副研究员，研究方向为创新管理、数字经济与学术创业；林镇阳（通讯作者）（1993—），男，福建莆田人，工学博士，清华大学计算机科学与技术系博士后，研究方向为数字经济与技术创新，E-mail：lin-zy15@tsinghua.org.cn；陈劲（1965—），男，浙江余姚人，清华大学经济管理学院教授、博士生导师，教育部"长江学者"特聘教授、清华大学技术创新研究中心主任，研究方向为创新管理与科技政策；赵蓉（1990—），女，山西忻州人，经济学博士，北京大学经济学院博士后，研究方向为数字经济与创新管理；王运宏（1992—），男，黑龙江齐齐哈尔人，工学博士，无锡江南大数据研究院研究员，研究方向为数字经济与技术创新。

启示。

关键词：数字经济；数据要素；数字创新；价值化；市场化配置；流转机制

Research on the Architecture Design and Mechanism of the Valueization of Data Elements from the "Ownership-Subject-Role" Perspective

Yin Ximing[1,2], Lin Zhenyang[3,4], Chen Jin[2,5], Zhao Rong[4,6], Wang Yunhong[4]

(1. School of Management and Economics, Beijing Institute of Technology, Beijing 100081, China;
2. Research Center for Technological Innovation, Tsinghua University, Beijing 100084, China;
3. Department of Computer Science and Technology, Tsinghua University, Beijing 100084, China;
4. Wuxi Jiangnan Big Data Research Institute, Wuxi 214000, China;
5. School of Economics and Management, Tsinghua University, Beijing 100084, China;
6. School of Economics, Peking University, Beijing 100043, China)

Abstract: Data elements have become a basic production factor in the digital economy era. However, how to accurately define the ownership of data elements, stimulate the in-depth participation and collaborative co-creation of multiple subjects, has become a key problem in accelerating the valueization and capitalization of data elements and empowering the high-quality development of the digital economy. Aiming at the prominent problems in the market configuration and valueization realization of data elements, this paper introduces the perspective of the "ownership-subject-role" trinity, constructs the basic framework for the valueization of data elements, and further discusses the "ownership-subject-role" from the perspective of the value-based "process-ownership" transfer mechanism of data elements. This article enriches and deepens the related theoretical research on the value of digital economy infrastructure and data elements, and provides important theoretical and practical enlightenment to clarify the definition of data ownership, subject responsibility boundaries, and collaborative co-creation mechanisms involved in the valueization of data elements, solve key problems in the valueization of data elements, and promote digital innovation management, improve the design of the valueization system for data elements with Chinese characteristics, and improve the marketization and value allocation efficiency of data elements, and promote the high-quality development of the digital economy.

Keywords: digital economy; data elements; digital innovation; valueization; market allocation; circulation mechanism

1 引言与背景

面对世界百年技术产业体系之变、大国竞争格局之变、国际经济治理之变，抢抓数字经济新赛道、培育数字经济新优势是在危机中育先机、于变局中开新局的战略选择，是"十四五"时期推进高水平科技自立自强、构建新发展格局的先手棋[1~4]。习近平总书记多次在谈到构建新发展格局时指出要"加快推进数字经济、智能制造、生命健康、新材料等战略性新兴产业发展，形成更多新的增长点、增长极"①，并在庆祝中国共产党成立 100 周年大会讲话时进一步强调要"立足新发展阶段，完整、准确、全面贯彻新发展理念，构建新发展格局，推动高质量发展，推进科技自立自强，保证人民当家作主"②，为新发展格局下加快数字创新和数字经济高质量发展指明了新方向，确立了新任务。

纵观当今世界，产业数字化和数字产业化正在加速重构区域、产业、国家乃至全球性创新生态[3,5~7]，数字驱动型创新创业成为智慧城市建设、区域产业升级和创新发展的重要新引擎[2,8,9]，数据要素已成为继土地、劳动力、资本、技术之后的第五大生产要素，对数据要素的有效应用和数字技术的协同整合，正在成为新发展阶段下中国经济超越追赶和高质量发展的强劲驱动力[1]。如何推动数据资源开发利用，加快推进数据要素市场化配置，将数据要素转化为经济发展的生产力，打造更高质量和更可持续的数字驱动型经济发展模式，畅通国内大循环，构建新发展格局，不但成为学术界关注的热点前沿，也是各区域乃至各主要大国竞争的新的制高点[1,2,6]。

在现有数字经济蓬勃发展和市场配置生产要素的条件下，数据有偿使用已成为共识，加快数字要素市场化配置和价值化实现已经成为各级政府和市场主体关注的核心热点议题。但由于数据要素标准化处理、确权和定价以及合规的交易规则仍未形成，且数据具有明显的可复制性和无限使用等特征，数据要素在当前市场化运营中存在明显的产权模糊问题，由此也引申出数据的隐私和安全问题[10]，需要从社会层面、行业层面、企业层面、管理层面、技术层面等多方面进行解决。针对所有权、隐私与安全等的规范化考虑，一定程度上会导致数据的开放与流通困难，数据不流通就会形成孤岛，孤岛就无法达到数据需求的规模和密度，数据的有效性就会大打折扣。

在数据要素已成为数字经济时代的基础性生产要素和市场主体核心竞争力来源的大趋势下，如何准确界定数据要素权属、激发多元主体深度参与和协同共创，成为加快数据要素价值化、资产化和赋能数字经济高质量发展的关键难题[2]。

---

① 大力推进创新形成更多新增长点增长极. http://www.jjckb.cn/2020-05/27/c_139090427.htm, 2020-05-27.
② 习近平：在庆祝中国共产党成立 100 周年大会上的讲话. http://www.xinhuanet.com/2021-07/15/c_1127658385.htm, 2021-07-15.

2 相关研究及评述

全球范围内,数字要素已经成为经济社会发展的重要基础性资源和生产要素[1~4],数字驱动的创新创业正成为发展阶段创新引领高质量发展的重要战略议题[5]。国内外针对数字经济,尤其是数字要素市场化配置与价值化实现的研究聚焦在数字经济的趋势、定义与分类,以及数据要素权属界定等主要议题。

2.1 数字经济趋势、定义与分类研究

数字经济作为新一轮科技革命和产业变革的关键性战略选择,其健康发展有利于推动新发展格局的构建以及各类资源要素快捷流动、各类市场主体加速融合,帮助市场主体重构组织模式,延伸产业链条,畅通国内外经济循环,建设现代化经济体系。

国内外学者对数字经济的定义尚未达成一致共识,有多重视角。其中以2016年G20杭州峰会发布的《二十国集团数字经济发展与合作倡议》中的定义最具代表性:"数字经济是指以使用数字化的知识和信息作为关键生产要素、以现代信息网络作为重要载体、以信息通信技术的有效使用作为效率提升和经济结构优化的重要推动力的一系列经济活动。"国家统计局2021年最新公布的《数字经济及其核心产业统计分类(2021)》,首次确定了数字经济的基本范围,从数字产业化和产业数字化的两个维度将数字经济核心产业具体分为数字产品制造业、数字产品服务业、数字技术应用业、数字要素驱动业、数字化效率提升业5大类。其中,前4大类为数字产业化部分,即数字经济核心产业,是指为产业数字化发展提供数字技术、产品、服务、基础设施和解决方案,以及完全依赖于数字技术、数据要素的各类经济活动,是数字经济发展的基础。第5大类数字化效率提升业,是指应用数字技术和数据资源为传统产业带来的产出增加和效率提升,是数字技术与实体经济的融合。

2.2 数据要素权属界定研究

随着数据产品等市场行为的深化,数据要素表现出显著的经济利益属性,对数据要素设定财产权利得到大多数学者的认可。由于数据要素所特有的公共物品属性以及源于数据集合过程信息熵减所带来的经济价值,其不同于传统的财产权类型[11]。赵瑞琴和孙鹏首先从静态视角提出数据所有权在法律逻辑上是绝对的、排他的、永续的,但在实践中分析则是动态分离的,占有权属于产生信息的微观个体,而使用权、收益权和处分权则属于收集、存储和处理信息的主体,由此看出数据要素在参与市场化过程中的权属关系根据生态角色的转换是可以变动的[12]。文禹衡认为数据确权问题从数据权、数据权到数据财产权等视角正经历由"权利范式、权利-权力范式向私权-经济范式过渡"的过程[13]。

具体来说，国内学者张钦昱从数据权利主体视角出发，论述了包括国家数据主权、政府公共数据权、企业的数据控制权及用户数据私权在内的数据权利构成[14]。数据权在数据全生命周期中有不同的支配主体，有的数据产生之初由其提供者支配，有的产生之初便被数据收集人支配，在数据处理阶段被各类数据主体所支配。申卫星认为根据不同主体对数据形成的贡献来源和程度的不同，应当设定数据原发者拥有数据所有权与数据处理者拥有数据用益权的二元权利结构，数据用益权既可以基于数据所有权人授权和数据收集、加工等事实行为取得，也可以通过共享、交易等方式继受取得[15]。部分学者认为不应赋予数据处理企业数据所有权，由于数据要素复制成本极低，平台企业很容易通过合同、协议将数据所有权低价甚至免费流转到自己手中。所有权可能会造成数据壁垒和垄断，阻碍数据的可获得性，导致数据市场扭曲。当然，由消费者个人掌控数据所有权，有利于开展交易但创新性受限，一定程度上会限制数据要素的流转和交易。若由平台机构掌控，社会总经济效益可能会达到最优，但垄断和滥用会反噬交易规模。且赋予个人数据所有权，对于个体数据隐私和安全的保障力度相对有限[16]。

对此，为避免数据滥用和垄断，应当针对不同隐私和风险级别的个人信息，给予数据生产者（自然人）不同级别的拒绝权、可携权和收益权等数据控制权，赋予数据产品持有者（如数据收集者、设备生产者等）有限制的占有权（除所有权之外的收益权、使用权等权益集合）[17]。现有更多研究成果建议将数据归属于数据产生者、数据主体、数据控制者、平台企业、数据编辑者、国家或投资者、数据所有者等。

由上述梳理可知，数据产权相关研究在权属安排、制度设计、权利保护等方面出现了新突破，但缺乏按照市场化实践过程、生态角色进行权利属性的划分，对数据价值如何产生于不同市场主体，并通过流转实现增值的过程进行剖析，忽略了生态角色在数据确权中应享有的基本权益，无法将现有研究问题细化。

因此，本文认为要保证数据要素市场化的顺利推进，需要明确市场化运行机制中哪些权益是数据交易的前提和核算基础，数据权利如何产生以及产生于哪个环节。已有研究对于数据市场化过程以及内容的界定相对比较多元，但忽略了市场化过程中各环节、各市场主体应享有的基本权益，以及权益的流转和变化。只有从本源逐层对数据要素市场化流程和权利形成进行解构才是明晰并推动数据要素市场建设的核心所在。如何就不同的数据生产者以及市场参与主体设定不同权利，并依据何种逻辑在这些数据形成的参与者之间分配权利，成为当下数据权利体系构建和要素市场化的焦点和难点，亟须调整思路以构建合理的新的数据权利体系。

概括而言，现有针对数字经济的理论研究和政策实践均指向了数字经济高质量发展的前沿和关键核心难题——在新发展阶段，如何有效破解数据要素市场化配置[18]、打开数字价值化的过程"黑箱"[2]、明确数据要素市场化配置和价值化实现的权属界定与分离机制，以及这一复杂过程中多元主体定位与激励相容机制设计[19]等数字经济发展的诸多挑战，完善中国数字经济发展的市场化价值化配置基础理论，加快数字经济与实体经济融合，从而有效助力构建新发展格局[1]和实现高质量发展。

3 "权属-主体-角色"视角下的数据要素价值化架构设计

数据权属作为最基本的数据产权界定和价值化实现的复合前提，通常包括数据所有权、数据运营权和数据使用权三方面。分主体看，可主要从政府、企业（传统企业和数据处理平台企业）和个人三个维度展示数据的权利图谱和各个主体的角色定位与功能发挥，如表1所示。在理清"权属-主体-角色"的基础上，才能够进一步引入数据监管权的视角，建构中国特色的数据监管权力体系，统筹数据要素安全与数字经济高质量发展，实现可信数据要素价值化和市场化。

表1 "权属-主体-角色"视角下的数据要素价值化架构设计

数据权属	参与主体	角色功能
使用权	数据交易所（中心） 实体企业、数据信托、证券公司等机构交易者和个体交易者	数据资产化、产品化、证券化、数据交易与变现
运营权	（国家）数据银行等数据要素价值化基础设施	数据受托存储、治理、运营与增值服务
所有权	政府、企业、数字平台、个人	数据创造者、原始数据拥有方、数据授权来源方和潜在终端用户

简而言之，"权属-主体-角色"视角下数据要素价值化架构，从数据所有权、运营权和使用权"三权分立与过渡"的过程视角，细化了数据要素市场化配置和价值化实现过程中的参与主体和角色功能：

首先，最根本的权利是分属于数据创造者、原始数据拥有方、数据授权来源方和潜在终端用户的所有权，参与主体主要是政府部门、企业、数字平台及个人等数据原出方。

其次为运营权的归集，主要的角色功能是由国家授权的数据要素价值化基础设施受托进行数据汇聚、存储、治理、运营与增值服务等。

最后为使用权，数据使用和交易是赋能社会化发展的重要环节，也是数据要素市场化价值变现的核心体现。例如，可以依托数据交易所、实体企业、数据信托等机构进行数据资产化、产品化、证券化处理，完成数据交易和变现，也可利用城市大脑、安全大脑、企业大脑及生态伙伴标准产品推广等来实现。

3.1 政府的数据权利

伴随治理能力和治理水平的不断提高，政府在履职过程中集聚大量数据资源。行政机关对这一部分公共数据资源享有的相关权利，即政府的公共数据权[20]。各级行政机关和国家公共部门主体是公共数据的最重要主体，明确政府公共数据权的权限及内容，有助于行政机关在大数据时代充分利用政府数据提供更好的服务，满足公民对公共数据的知情需求与使用需求，推进数字政府建设。

（1）数据共享权是对政府集聚的公共数据进行共享的权利，包括部门数据共享权与公共数据开放权。"部门数据共享权"形成于行政机关内部，行政机关聚集的公共数据被分割在不同的政府部门，由于限制流通和缺乏整理，存在大量政府数据严重浪费的情形。"公共数据开放权"是行政机关对社会公众开放数据的权利。行政机关拥有对公共数据这种特殊公共资源的管理权限，行政机关可通过积极行使数据共享权实现公共数据开放，以回应公众政府数据获取和使用的需求。

（2）数据许可使用权，政府公共数据的许可使用不仅涉及国家安全、公共利益，更关涉企业、社会组织和公民的权利。数据的许可使用权对应的是公民知情权，其核心问题在于政府进行数据开放的范围和边界，因此，行政机关在行使许可使用权时需权衡国家安全和社会公共利益。

（3）数据获取权是指为了国家安全和社会公共利益，行政机关有权通过一定的技术手段，无偿或有偿地获取有关政治、经济、文化、社会和生态等领域的数据资源[21]。

3.2 从事社会生产的企业的数据权利

从事社会生产的传统企业，拥有数据权有助于推动企业经营发展，帮助企业挖掘潜在客户群、构建营销网络。一般以数据所有者和数据控制者的身份出现。企业使用自身数据获取商业利益的整体过程是数据所有权的体现。数据控制权是指企业对数据进行整理、加工、修改、分析、收益及使用的权利，通常包括数据使用权、数据支配权、数据流转权。

（1）数据使用权是指企业对数据进行整理、加工、修改、分析、收益的权利。企业收集数据的目的是通过使用数据找到数据信息背后所蕴含的价值，将企业数据经济价值变现，助力企业获得竞争优势。企业使用数据获取商业利益的整体过程是数据使用权的体现。

（2）数据支配权是指企业对于自身经营产生的数据直接加以支配并享受其利益，以及排斥他人干涉的权利。

（3）数据流转权是实现数据价值的基础，是指企业通过交易、传播等形式获取商业利益，实现企业数据价值的权利。数据流转权可分为数据交易权与数据传播权。数据交易权是指企业将其获取的数据权利与其他市场主体进行买卖的权利。数据传播权是指企业为扩大自身影响力或以实现公共利益为目的将数据向社会和公众公开的权利[22]。

3.3 平台型企业的数据权利

平台型企业数据权是指平台型企业基于商业运营的需要，对其所控制的数据应享有的权利。平台型企业的动态生产"链条"包含数据的收集、控制、使用和流转等步骤[23]。只有经过收集的数据才能视为由平台型企业控制,企业应严格控制数据的收集、分析、传播等环节,企业收集的原始数据要经过复杂的加工流程才能成为企业实质需要的"有效数据"。

(1)数据授权汇聚权作为数据使用的源泉,奠定了数据权属流转的根基。平台型企业数据权的权利客体为数据集合体,对大量的数据进行分析将会抽象出数据主体背后的普遍性特征是该市场主体的价值所在[24]。

(2)数据支配权在数据权利转移、授权时发生效力。若缺少核心的排他性保护权利,企业仅能选择通过设置技术壁垒以实现对专有数据的控制,对整体社会效益有害无利。因此,为保障数据的合理流动和高效利用,必须赋予平台型企业一定的运营权和支配权[25]。

(3)数据流转权是指平台型企业通过流通、交易等形式实现数据要素价值的权利。

3.4 个人的数据权利

作为个人数据的生产者,赋予数据生产者所有权,是保障个人权益的核心所在。数据高度依赖链条化的处理场景,互联网时代的数据会经历原始数据生产(收集)和数据集的生产(汇集性处理)两个生产过程[26]。结合欧盟《一般数据保护条例》,可将用户数据权利细化为数据收集确认权、数据汇集介入权、数据处理保障权。

(1)数据收集确认权是指用户对向控制者等提供的初始数据享有的知晓相关信息和交流、更正不完整或不完善数据、在个人信息被跨境转移时知晓相应保障措施的权利。其特征包括内容全面性、行权及时性、数据准确性。数据收集确认权又分为三项具体权利:第一,一般知情权;第二,对原始数据的更正权;第三,特殊情形下的访问权。

(2)数据汇集介入权是指用户在控制者处理数据阶段中所享有的知晓处理目的和法律基础等信息、要求更正处理不当的信息或反对控制者处理信息、获取或传输处理后的数据副本等权利。其特征在于诉求合理性、方式恰当性和目的限制性。数据汇集介入权又分为四项具体权利:第一,特殊知情权;第二,对信息处理后的更正权;第三,基于自身原因或数据不当处理的反对权;第四,数据携带权。

(3)数据处理保障权是指在控制者处理完数据后,用户有权通知控制者核实并纠正用户数据的不当流转,或要求控制者删除与其个人数据相关的链接、备份或复制的权利。其特征在于强制性和相对性。数据处理保障权又分为限制处理权和被遗忘权。

根据上述分析和数据要素市场化运行机制的核心流程,本文将数据要素权利流转过程主要归集为三方面,即最根本的数据所有权、授权使用数据的数据运营权以及让渡部分所有权后的使用权,详见表2。

表 2 数据要素权属分类及细分

数据权属归类	权属细分
使用权 （有偿让渡部分所有权）	数据使用者（企业、政府等）：1.生产性使用权；2.经营活动自主权；3.增量数据用益权；4.二次处理数据所有权
运营权 （授权运营、治理和有限有偿使用）	平台型企业：1.数据收集权；2.数据支配权；3.数据流转权；4.数据开发权；5.数据许可权
所有权 （占有权、使用权、收益权、处分权）	政府数据：1.数据共享权-部门数据共享权、公共数据开放权；2.数据获取权 企业数据：1.数据所有权；2.数据控制权（支配、流转、许可权） 个人数据：1.数据收集确认权——一般知情权、对原始数据的更正权和特殊情形下的访问权；2.数据汇集介入权-特殊知情权、对信息处理后的更正权、基于自身原因或数据不当处理的反对权、数据携带权；3.数据处理保障权-限制处理权、被遗忘权

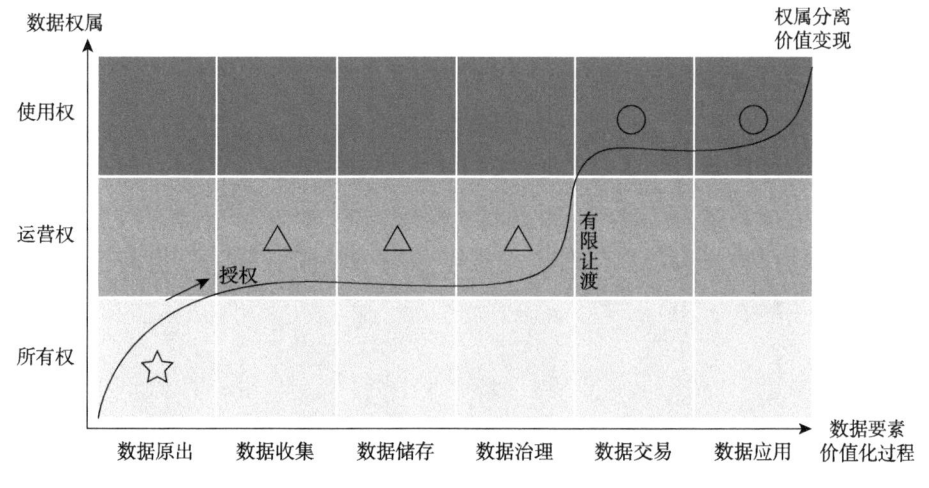

4 "权属-主体-角色"视角下数据要素价值化"过程-权属"流转机制

结合数据主体权利归集和数据要素市场化流转过程的多视角分析，在数据要素价值化生态系统建设和运行过程中，需要结合数据要素价值化的价值链与产业链，从"收、存、治、易、用"运行机制入手，进一步认知数据要素价值化生态系统良性运转所内嵌的"过程-权属"流转机制，理清数据市场化流通和价值化过程中不同数据权利在生态系统中的流转过程、流转规则和行权主体。

对此，本文在数据要素价值化生态系统的基础上，建构了如图1所示的数据要素价值化"过程-权属"流转机制。其中，横轴是数据要素价值化过程，纵轴为数据权属，曲线表示随着数据要素参与市场流程角色的变动以及权属变更、分离所带来的价值变现过程。

图 1 数据要素价值化"过程-权属"流转机制

具体来说，对于个人和政府等数据原出者，赋予其最根本的数据所有权，是尊重数据权利源泉的表现。为实现数据要素的资产化和市场化，通过政府授权赋予数据收集、存储、治理平台数据运营权，提供统一便捷的数据获取、存储、管理、治理、分析、可视化等服务，为数据应用和数据交易奠定基础，赋予数据处理者运营权以尊重平台企业对数据的投入。通过对数据所有权的有限让渡，数据应用和数据交易平台可以获得部分数据使用权，对数据进行控制、研发、许可乃至转让，进一步实现了对数据资产的高效市场化运营。

5 结论与启示

数据要素作为数字经济的微观基础和创新引擎，促进数据要素市场化流通和价值化实现是大势所趋，也是新发展阶段畅通国内大循环、促进国内国际双循环和高质量发展的重要抓手。数据权属的明晰有利于保护数据主体权益并维护数据安全，可引导数据要素向先进生产力协同聚集，对健全数据要素市场运行机制和加快数据要素价值化具有关键性作用。本文在明确数据要素市场化过程中不同生态主体的权属关系后，将数据要素市场化过程中的权属流转归集为所有权、运营权和使用权三类。具体来说，应当设定数据原出者拥有数据所有权、数据处理者（收集、存储和治理环节）拥有数据运营权和数据流通者（应用和交易环节）拥有数据使用权的三元权利结构，打通数据要素融通环节壁垒，以实现数据要素资产化的高效运营和财产权益的均衡分配。本文丰富和深化了数字经济基础设施和数据要素价值化的相关理论研究，为理清数据要素价值化过程中涉及的数据权属界定、主体责任边界与协同共创机制，加快数据要素价值化、市场化配置和数字经济高质量发展提供了重要理论指导和实践启示。

展望未来，我国亟须在"权属-主体-角色"三位一体的系统观和整体观指导下，抓住数字经济发展的战略机遇，进一步深入研究数据要素价值观的微观过程机制和监管治理体系建设思路，从优化数据要素价值化顶层设计、推进数据要素权属界定与法律完善、建设和完善数据要素价值化基础设施、以平台化市场化方式加快数据要素变现等方面"多管齐下"，探索建构中国特色的数据要素价值化生态系统的相关理论研究与政策设计，探索形成数据要素市场化配置机制与价值实现的中国模式，破解数据隐私保护和数据要素市场化配置潜在的"二元悖论"，统筹数据安全和数字经济高质量发展，为贯彻新发展理念、构建新发展格局、塑造新发展优势提供强大而持续的生态支撑。

参 考 文 献

[1] 马建堂. 建设高标准市场体系与构建新发展格局[J]. 管理世界，2021，37（5）：1-10.

[2] 尹西明，林镇阳，陈劲，等. 数据要素价值化动态过程机制研究[J]. 科学学研究，2021（网络首发）：1-18.

[3] 刘洋，董久钰，魏江. 数字创新管理：理论框架与未来研究[J]. 管理世界，2020，36（7）：198-217，219.

[4] Ciarli T，Kenney M，Massini S，et al. Digital technologies，innovation，and skills：emerging trajectories and challenges[J]. Research Policy，2021：104289.

[5] 柳卸林，董彩婷，丁雪辰. 数字创新时代：中国的机遇与挑战[J]. 科学学与科学技术管理，2020，41（6）：3-15.

[6] 刘淑春，闫津臣，张思雪，等. 企业管理数字化变革能提升投入产出效率吗[J]. 管理世界，2021，37（5）：170-190，13.

[7] Porter M，Heppelmann J. How smart，connected products are transforming competition[J]. Harvard Business Review，2014，（11）：96-114.

[8] 康瑾，陈凯华. 数字创新发展经济体系：框架、演化与增值效应[J]. 科研管理，2021，42（4）：1-10.

[9] Ciuriak D. The economics of data：implications for the data-driven economy[R]. ID 3118022，Rochester：Social Science Research Network，2018.

[10] 中国人大网. 中华人民共和国数据安全法[EB/OL]. http://www.npc.gov.cn/npc/c30834/202106/7c9af12f51334a73b56d7938f99a788a.shtml，2021-06-10.

[11] 何玉长，王伟. 数据要素市场化的理论阐释[J]. 当代经济研究，2021，（4）：33-44.

[12] 赵瑞琴，孙鹏. 确权、交易、资产化：对大数据转为生产要素基础理论问题的再思考[J]. 商业经济与管理，2021，（1）：16-26.

[13] 文禹衡. 数据确权的范式嬗变、概念选择与归属主体[J]. 东北师大学报（哲学社会科学版），2019，（5）：69-78.

[14] 张钦昱. 数据权利的归集：逻辑与进路[J]. 上海政法学院学报（法治论丛），2021，36（4）：113-130.

[15] 申卫星. 论数据用益权[J]. 中国社会科学，2020，（11）：110-131，207.

[16] Drexl J. Designing competitive markets for industrial data-between propertisation and access[R]. ID 2862975，Rochester：Social Science Research Network，2016.

[17] 熊巧琴，汤珂. 数据要素的界权、交易和定价研究进展[J]. 经济学动态，2021，（2）：143-158.

[18] 王一鸣. 百年大变局、高质量发展与构建新发展格局[J]. 管理世界，2020，36（12）：1-13.

[19] 林镇阳，聂耀昱，尹西明，等. 多措并举推进国家数据安全建设和数字经济高质量发展[EB/OL]. https://share.gmw.cn/www/xueshu/2021-08/02/content_35047231.htm，2021-08-02.

[20] 焦海洋. 中国政府数据开放共享的正当性辨析[J]. 电子政务，2017，（5）：19-27.

[21] 吕廷君. 数据权体系及其法治意义[J]. 中共中央党校学报，2017，21（5）：81-88.

[22] 时明涛. 大数据时代企业数据权利保护的困境与突破[J]. 电子知识产权，2020，（7）：61-73.

[23] 魏远山. 我国数据权演进历程回顾与趋势展望[J]. 图书馆论坛，2021，41（1）：119-131.

[24]高富平. 数据流通理论 数据资源权利配置的基础[J]. 中外法学，2019，31（6）：1405-1424.

[25]黄震，蒋松成. 数据控制者的权利与限制[J]. 陕西师范大学学报（哲学社会科学版），2019，48（6）：34-44.

[26]高富平. 数据生产理论——数据资源权利配置的基础理论[J]. 交大法学，2019，（4）：5-19.

建设一流学术平台,服务创新生态构建

顾 君

(同方知网(北京)技术有限公司,北京 100192)

摘 要:本文提出了知识基础设施的重要性,认为建设知识基础设施是数字经济时代下机构实现基础设施创新的关键之一。结合中国知网的创新生态建设案例,本文介绍了中国知网"世界知识大数据"的价值,作为知识基础设施的建设模式,"世界知识大数据"可以有效赋能区域创新生态建设、产业创新生态建设以及企业创新生态建设。

关键词:知识基础设施;世界知识大数据;创新生态建设

Build First-class Academic Platform and Serve Innovation Ecological Construction

Gu Jun

(Tongfang Knowledge Network Technology Co., Ltd.(Beijing), Beijing 100192, China)

Abstract: This paper puts forward the importance of knowledge infrastructure, and holds that knowledge infrastructure is the foundation of institutional innovation infrastructure in digital economy era. The "World Knowledge Big Data" of CNKI is one of the construction modes of knowledge infrastructure, which can effectively empower regional innovation ecological construction, industrial innovation ecological construction and enterprise innovation ecological construction.

Keywords: knowledge infrastructure; world knowledge big data; innovation ecological construction

中国知网是数字出版、知识服务、知识管理领域领先的资源和技术服务商。在数字经济创新发展背景下,中国知网正通过云服务、大数据、智能化等先进技术,

---

作者简介:顾君(1978—),女,湖南常德人,中国知网大数据知识管理事业本部总经理,主任编辑、正高级工程师,研究方向为数字经济、产业创新、知识管理。

着力打造服务各机构、组织和个人知识获取和创新活动的"知识创新的基础设施"（CNKI）。目前，中国知网的CNKI工程已经从1.0升级到了2.0，CNKI 2.0工程目标是将CNKI 1.0基于公共知识整合提供的知识服务，与各行业机构知识创新的过程和结果相结合，通过更为精准、系统、完备的显性知识管理，以及嵌入工作与学习具体过程的隐性知识管理，提供面向问题的知识服务和激发群体智慧的协同研究平台，致力于建设一流学术平台、服务创新生态建设。

1 知网的知识基础设施是数字经济时代的机构创新基础设施的基础

数据和知识对于当前社会经济的发展来说都是关键要素，二者也是推动数字经济创新发展的驱动力。创新基础设施通过数据驱动数字经济发展的实现路径，以数据构成新型基础设施底层为起点；通过融入实体产业实现业务赋能，进而协同各类要素构建起整个数字生态。创新是知识密集型多主体复杂活动，急需知识基础设施建设。各类型的创新基础设施都包含有知识基础设施，知识基础设施是创新基础设施的重要组成部分，其差别在于知识的范围、大小不同，但都需要开展知识管理和知识工程。

企业是技术创新的主体和主力。在企业创新活动中，知识创新是基础，技术创新是核心，由政、产、学、研、金、用、服等机构高效协同构建的创新生态系统则是重要依托，关键还是创新体系的建设。技术创新是企业发展的根本动力，企业的技术创新是从产生新产品或者新工艺的设想到市场应用的一系列复杂活动。如何提高企业技术创新能力，关键就在于强化知识管理，提高对外部知识的吸纳能力和内部知识流转利用的效率。企业知识管理首先是挖掘企业内部知识，将内部知识转化为显性知识，然后再与创新活动进行场景化和智能化结合，最终实现技术创新下的双螺旋创新模式。

大学是许多原始创新的发源地。多年来，中国知网主要服务于学研机构，因为大学的第一使命是知识创新和人才培养，知识是一切创新的微观基础和源泉。知识创新是指通过科学研究，包括基础研究和应用研究，获得新的基础科学和技术科学知识的过程。知识创新的目的是追求新发现、探索新规律、创立新学说、创造新方法、积累新知识。知识创新是技术创新的基础，是新技术和新发明的源泉，是促进科技进步和经济增长的革命性力量。在"双一流"建设目标的引领下，我国大学以学科建设为龙头，强化基础研究的知识源头供给，加强原始创新成果产出及转化，加强产学研联系，培育创新型人才，服务区域产业经济发展。

政府是制度创新的主体，在国家/地区重大科技创新政策和科技计划制定，提供创新资金、公共知识普及和共享等方面承担重要角色，通过制定战略、完善政策、合理配置资源、营造创新环境、协调产学研关系来引导创新体系建设的方向。政府在创新生态中，需积极运用大数据技术，加强新型智库建设，这是实现政府决策科学化、社会治理精准化、公共服务高效化的有效途径。

2 中国知网"世界知识大数据"赋能"区域-产业-企业"创新生态建设实践

目前，中国知网的 CNKI 工程已进入 2.0 时代，目标是建设知识创新基础设施，全面服务国家创新驱动发展战略。中国知网携手国内外 10 万余家重要出版机构，初步建成世界知识大数据，建设一流学术平台，目前最新改版的"世界知识大数据"能够实现中外文献统一一站式检索。

中国知网"世界知识大数据"在"区域-产业-企业"创新生态建设实践方面已经做出了许多有效探索。在服务区域创新生态建设方面，知网已经在山西省做出不少高效服务。2020年5月习近平总书记考察山西省，希望山西省在转型发展上率先蹚出一条新路来。2020年6月，山西省委书记楼阳生考察山西知网，他表示政府部门、企业、科研院校都要了解知网、运用知网，更好地发挥其知识创新服务平台作用[①]。在此背景下，由山西省工业和信息化厅牵头，以知网知识创新服务为支撑，开展了全省规上工业企业创新活动全覆盖工作。2020年8月，中共山西省委制定公布《关于加快构建山西省创新生态的指导意见》，明确提出："坚持以产业集群培育为主线，加快推动构建产业集群创新生态、打造创新生态技术体系、拓展创新人才队伍、增强创新财税金融支撑、改革重塑创新制度文化'五个维度'，构建产业链、创新链、要素链、制度链、供应链，推动产学研用深度融合，推动科技成果快速转化，以一流的创新生态引领全省经济高质量转型发展。"中国知网针对山西省发展战略提出了"CNKI创新基础设施整体解决方案"，研发搭建了山西省产业创新生态系统平台，通过知识赋能、智慧赋能、人才赋能、管理赋能及信任赋能这"五大赋能"，全面支撑山西省"区域-产业-企业"的创新生态系统建设。

（1）知识赋能：以先进的行业、企业、项目、岗位知识体系动态组织世界知识大数据（world knowledge big data，WKBD）与机构私有知识资源，创造科政社大数据融合应用研究范式，引领科技、产业、价值三链创新方向，支持对标"未来需求"与"世界一流"产业集群的高起点研究，促进原始创新、引进吸收再创新、集成创新，赶超国际先进和领先水平。

（2）智慧赋能：基于 OKMS（organization knowledge management and service platform，机构知识管理和协同创新平台）隐性知识管理系统与项目/岗位知识库，创建"头脑风暴"众智激发机制和 TRIZ（teoriya resheniya izobreatatelskikh zadatch，发明问题解决理论）创新范式，可从根本上提升决策与执行的创造能力。

---

① 楼阳生在太原市调研大数据产业发展时讲话强调：以算力算法强大大数据应用 以创新生态壮大大数据产业[N]. 山西青年报，2020-06-12（01）。

（3）人才赋能：利用"WKBD 全球创新人才库"对专家研究专长等数据的精准标注，为创新主体进行专业咨询、人才引进、项目合作提供人才发现平台。

（4）管理赋能：在知识、智慧、人才赋能之上构建企业、产业集群及各方的协创项目运行管理系统，提供产业规划、协创项目等知识服务，按协同机制联通为"动态战略管理系统"，支撑协创活动高效运行。

（5）信任赋能：运用 OKMS 隐性知识管理系统对协创过程数据的保密存储与智能化循证功能，如实记录项目协创中团队建设、酝酿调研、技术立项、投资论证、项目实施与变更、成果验收与转化、风投退出全过程，为协创各方提供项目产生、运行实时监控数据，以事实为基础建立内部的相互信任机制。

山西省产业创新生态系统平台涵括了包括大数据融合创新产业、信息技术应用、光电产业、新能源产业、碳基新材料产业等在内的 14 个新兴产业集群。该平台将产业集群中各类数据进行融合应用，包括集群产业地图、企业分布、全国各产业的企业数据等。通过从中国知网全球学术平台提炼出各个企业的技术、产品、科技成果、专利和标准等数据信息，可以判断出产业链中具有技术优势的企业，服务山西产业发展中的建链、强链、补链、延链。此外，技术是创新的核心关键点，每一产业集群中有很多共性技术或者关键核心技术与整个产业创新发展息息相关，因此山西省产业创新生态系统平台还提供了协同的产业技术项目管理服务，将所有与项目相关的知识文档按照项目流程进行管理和推送，参与产业技术项目协同的各方可以登录该平台查看到项目的进展和各类知识文档（图 1）。此外，政府部门也可以登录该平台进入具体项目空间，查看项目的基本信息、状态、进度、产出成果以及里程碑事件等内容。

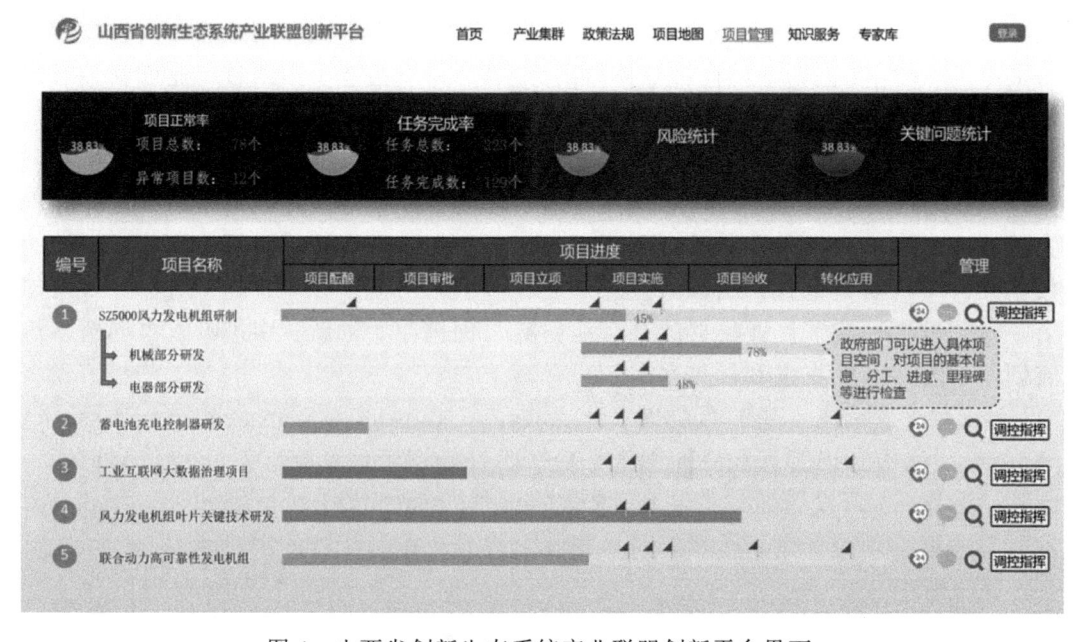

图 1　山西省创新生态系统产业联盟创新平台界面

在服务产业创新生态建设方面,中国知网还推出了知网百行知识创新服务工程,面向各类企业的核心主业、核心能力、核心部门和核心岗位构建嵌入创新过程的知识服务平台,帮助提升机构整体创新能力。目前已经建成300余个行业知识服务平台,覆盖电子、能源、化工、汽车、航空航天、环保等诸多技术密集型行业,涉及政府决策、金融证券、文化传承、公共服务、文物保护等关乎国计民生的重要领域。2020年,细分行业知识服务平台预计突破1 000个,实现了国民经济细分行业全覆盖,携手上下游合作伙伴共同打造新业态"知识创新服务业"。

在服务企业创新生态建设方面,中国知网面向一流企业提出了大数据知识管理三步走建设路径,即知识共享化、知识场景化和知识智能化,具体建设路径如图2所示。知识共享化是奠定基础,促进异构数据资源的流通和汇聚,实现数据资源结构化、碎片化、网络化,构建多维度的数据地图和知识网络;知识场景化是构造平台,基于场景感知,将用户、知识、业务场景智能结合,提供自适应的个性化知识服务,是企业知识管理与服务的重要举措;知识智能化是一种展现能力,是多元数据的深度融合,构建知识库/本体及知识图谱,发挥数据智能。面向技术创新项目的知识管理与知识服务,中国知网有效整合全球技术资源,深度融入产业链,构建企业自主把控的创新生态。

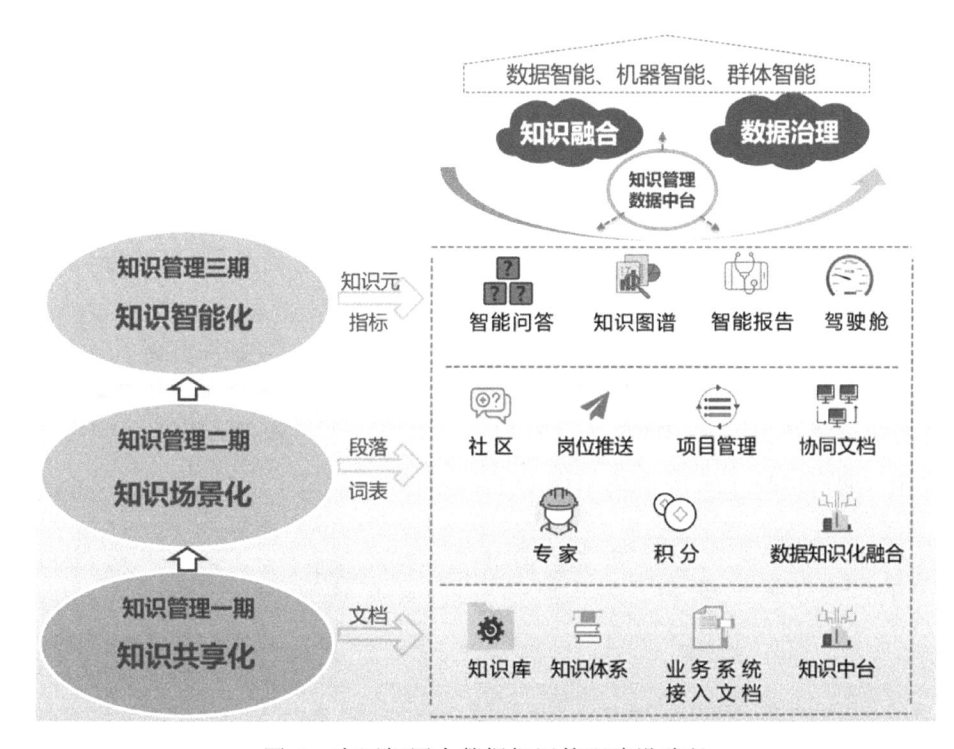

图2 中国知网大数据知识管理建设路径

总的来说,中国知网为当前大数据时代下政府、产业和企业机构提供的服务是大数据知识服务。知网的大数据是科学大数据、政府大数据和社会大数据的深度融合，为了满足大数据深入融合应用的需求，知网对科学、政府、社会大数据进行大量的数据清洗和数据治理，在山西省专门成立数据标注团队。知网的数据标注和数据融合服务，为每一个具体产业链的转型升级提出六链聚合的服务思路，即政策链、产业链、产品链、人才链、专利链和技术链。例如，在政策链方面，政府要发展新兴产业，首先应对标全国各省（自治区、直辖市）的政策，知网把大量的政策文件进行碎片化标注，从人才、税收、资金及场地等维度进行细化对比，帮助政府制定完善政策。在产业链方面，知网推出了产业链大数据知识服务，以智能网联新能源汽车产业链大数据知识服务为例，通过大数据技术将知网数据汇总成新能源汽车全产业链，用户可通过与上游、中游、下游企业对比来筛选合作伙伴。智能网联新能源汽车全产业链上游、中游和下游企业的分布如下：上游主要为感知系统、控制系统及执行系统，车联网产业链的上游主要是各类元器件和芯片生产企业；中游主要为汽车生产商、各类设备生产商和方案提供商，以及通过前装方式安装智能车载终端的供应商；下游主要为各类应用及服务提供商。在产业链当中，如何实现建链、强链、补链、优链和延链？解决这一问题的关键是追踪最新技术。知网的技术链服务通过搜索全球学术文献帮助找到原始创新点，通过大数据知识图谱技术分析出细分技术领域最新的研究热点、研究方向及研究趋势，对产业链的建设提供技术支撑。

技术链之外的另一关键点就是人才。如何从全球寻找顶尖人才或者从本地寻找与产业发展相匹配的人才，这个问题又回到学科建设和人才培养。因此，产业发展要与高校学科建设、企业人才培养紧密联系。根据山西产业集群创新生态发展现状，中国知网依托知网在线教学平台为山西省工业企业定制开设了中国知网企业创新大讲堂精品课程，课程由院士、长江学者、知名专家担任主讲人，课程内容涉及创新理论、创新方法、创新体系、创新思维、企业战略管理、企业创新体系、创新信息技术应用、知识管理、知识服务、知识创新大数据应用及 14 个产业集群技术等相关领域，较好地助力了山西的产业人才培养。

CNKI 大数据知识管理将机构内外部知识资源和业务数据深度融合，构建机构大数据知识管理平台，目前成功应用于企业、政府、研究机构等各类创新主体的知识创新基础设施建设，实现业务流、数据流、知识流"三流合一"，赋能企业数字化转型升级，助力区域产业高质量发展。